PRALINEN
UND SCHOKOLADEN-SPIELEREIEN

BEATRICE AEPLI

PRALINEN
UND SCHOKOLADEN-SPIELEREIEN

Die Deutsche Bibliothek - CIP-Einheitsaufnahme

Aepli, Beatrice:
Pralinen und Schokoladen-Spielereien / Beatrice Aepli.
(Rezeptbilder: Hansjörg Volkart). - Küttigen/Aarau : Midena ;
Ausburg : Weltbild-Verl., 1996
ISBN 3-310-00236-5

Ich danke meiner Freundin und Mitarbeiterin
BRIGITTE AEBERHARD
für ihre ausdauernde und kreative Mitarbeit.
Unser gemeinsames Lachen während der Arbeit an
diesem Buch soll auch für unsere
Leserinnen und Leser noch nachklingen.

Alleinvertrieb für Deutschland:
WELTBILD VERLAG GmbH
Steinerne Furt 68-70, 86167 Augsburg

© 1996 - MIDENA VERLAG GmbH,
CH-5024 KÜTTIGEN/AARAU
Gestaltung Umschlag: Dora Hirter, Birrwil
Rezeptbilder und Bilder Einführungsteil: Hansjörg Volkart, Zürich
Illustrationen: Dora Wespi, Luzern
Texte und Einleitung: Claus Berndt, Lohn
Gestaltung und Satzherstellung: DACHCOM, Aarau
Fotolithos: Litho 2000 AG, Basel
Herstellung: Neue Stalling, Oldenburg

ISBN 3-310-00236-5

INHALTSVERZEICHNIS

Spielereien

Damit auch Kinder am vergnüglichen Arbeiten mit Schokolade teilhaben können, haben wir die „Spielereien" mit Tafelschokolade und handelsüblicher Schokolade-Kuchenglasur rezeptiert. Selbstgemachtes Marzipan kann durch gekauftes ersetzt werden.

Dieses Signet steht für ein kinderfreundliches Rezept

Wir berichten zwar auch von der Kakao-Pflanze und ihren Bohnen, Thema ist jedoch die Herstellung von Pralinen – und damit eines der wohl faszinierendsten Kapitel der Kakao-Verarbeitung. Möchten Sie Pralinen herstellen wie ein Profi? Dieses Buch macht Ihnen das süße Handwerk leicht. Viel Vergnügen!

Der lange Weg von der Bohne zur Praline

Die Kakaobohne oder was wir davon zu sehen bekommen, die Praline, wird uns durch das Buch begleiten. Denken wir hin und wieder an den Indianer in Südamerika, der zur Zeit der Azteken hungrig den Urwald durchstreifte und die unansehnliche, trockene und bittere Bohne kostete. Nie hat er erfahren, was sein Fund 500 Jahre später bewirkt hat, in welche Leckereien sich seine ungenießbaren Bohnen verwandeln können.

Die Wildform der Kakaopflanze stammt aus dem nördlichen Teil Südamerikas. Heute wird der Baum in vielen Ländern entlang des Äquators angebaut. Dort herrscht das Klima, das ihm behagt: eine durchschnittliche Temperatur von 24 Grad Celsius und hohe Luftfeuchtigkeit.

Der Baum blüht das ganze Jahr; seine Früchte wachsen direkt aus dem Stamm; und je nach Erdteil und Region kann pro Jahr mehrere Male geerntet werden – von Hand, wie zu Zeiten der Indianer.

Das Pflücken ist heikel und verlangt viel Sorgfalt. Mit scharfen Messern werden die Früchte vom Stamm getrennt und die Schnittstellen versiegelt, damit der Baum nicht verblutet.

Die frischen Früchte sind anfällig gegen Druckstellen und Fäulnis. Die Samen, unsere späteren Kakaobohnen, werden deshalb gleich nach der Ernte aus den Früchten geholt; sie würden sonst zu keimen beginnen. Dann beginnt die gesteuerte Fermentation – der wohl wichtigste Prozeß auf dem Weg zur Praline: Die Bitterstoffe werden abgebaut, und es bilden sich erste Aromastoffe. Nun kann die Bohne lager- und handelsfähig gemacht werden: Das Trocknen ist in der Regel der letzte Arbeitsgang auf den Plantagen. Als Rohkakao gelangen die Bohnen nun auf den Weltmarkt – auf ihre Reise in das Reich des Genusses.

Wie aber wird die Bohne zu Kakaopulver? Zu jenem Material, das wir mit der Herstellung von Pralinen in Verbindung bringen? Die industriellen Arbeitsgänge seien hier kurz geschildert:

Nach einer Zwischenlagerung in Silos, die primär der Vorratshaltung dienen, werden die Bohnen von kleinen Steinen,

Holzteilen, Sackfasern und anderem gereinigt und dann geröstet – das bekannte Aroma bildet sich.

Nun werden die ausgekühlten Bohnen in sogenannten Brechanlagen geschält und anschließend in Mühlen zur Kakaomasse gemahlen. Aus dieser wird unter Wärmezufuhr und hohem Druck die Kakaobutter gepreßt und der restliche Preßkuchen zu feinstem Pulver gemahlen.

Dieses jetzt nahezu fettfreie Kakaopulver wird nach festgelegten Rezepturen mit weiteren Zutaten ergänzt: Kakaobutter, Zucker, Sahne-/Rahm- oder Milchpulver, Gewürze wie Vanille, Kaffee, Zimt. Mandeln und andere feste Ingredienzen gehören ebenfalls dazu und ergeben schließlich den typischen Geschmack.

Was ist Kuvertüre?

Die Kuvertüre spielt in unseren Rezepten eine wichtige Rolle. Ein höherer Fettgehalt unterscheidet sie von der Tafelschokolade. Sie wird dadurch dünnflüssiger und ist für unsere Zwecke besser geeignet. Im Handel erhältlich sind weiße und dunkle Kuvertüre sowie Milchkuvertüre. Dunkle Kuvertüre enthält etwa 60 Prozent Kakaobestandteile, Milchkuvertüre noch etwa die Hälfte und weiße Kuvertüre gar keine mehr. Sie ist deshalb auch nicht als Schokolade zu bezeichnen. Kuvertüre ist geschmacksempfindlich. Bewahren Sie deshalb auch angebrochene Packungen immer in Folie auf. Kühl und trocken läßt sich Kuvertüre bis 15 Monate lagern.

Ein Blick in die Töpfe des Konfiseurs

Um unsere Pralinen professionell herzustellen, verwenden wir Kuvertüre sowohl für die Füllung als auch für den Überzug. Im Gegensatz zur Tafelschokolade erhalten wir mit Kuvertüre dauerhaften Glanz und bessere Festigkeit. Mit flüssiger Kuvertüre lassen sich Pralinen formen, spritzen und überziehen – kurz: zu kleinen Kunstwerken machen.

Kuvertüre schmelzen (temperieren)

Als erstes wird die Kuvertüre geschmolzen (temperiert). Dieser Vorgang entscheidet, ob wir schöne Pralinen bekommen. Richtig gemacht, wird die Kuvertüre schnell fest, und die Pralinen glänzen dauerhaft. Andernfalls wird die Oberfläche matt, und die Pralinen bleiben weich.

Die Drei-Stufen-Methode

Kuvertüre schmelzen bei	45 – 49 Grad
abkühlen auf	etwa 24 Grad
aufwärmen auf	30 – 32 Grad

Weshalb die Kuvertüre temperiert werden muß

Das Temperieren mag Ihnen umständlich erscheinen. Es hat jedoch seinen Grund: Die Kakaobutter enthält verschiedene Fettgruppen mit unterschiedlichen Schmelzpunkten von 16 bis 45 Grad und somit unterschiedlichem Verhalten: Kristallisieren heißt es im Fachjargon. Für unser Ziel, also Festigkeit und glänzende Oberfläche, hat sich die Drei-Stufen-Methode am besten bewährt. Die anderen Verfahren bringen ohne Maschinen keine optimalen Resultate.

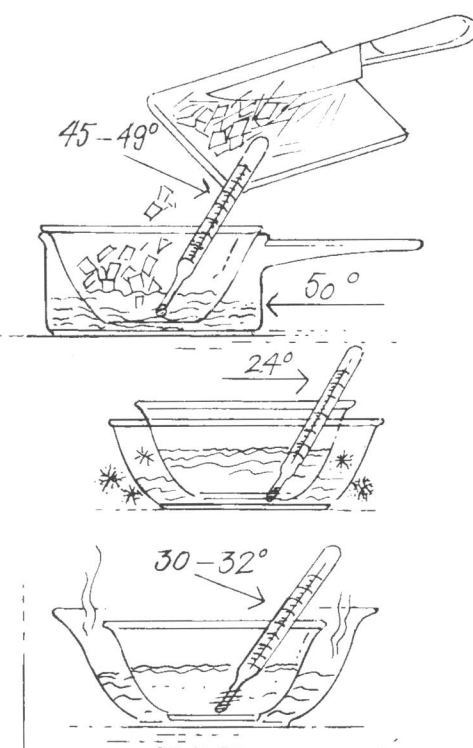

Die Konfiseure arbeiten mit wesentlich größeren Mengen und benutzen natürlich entsprechende Maschinen, deren Steuerung gleichbleibende Temperaturen garantiert.

Wichtig für uns: Große Maschinen sind für die Qualität noch kein Maßstab; entscheidend ist das Fingerspitzengefühl.

Die wichtigsten Regeln vor der Arbeit

- Die Arbeitsschritte 1 – 5 zuerst durchlesen.
- Alle Utensilien und die Kuvertüre bereitstellen.
- Nie überhastet arbeiten und – vor allem – nichts anderes nebenbei tun.
- Lassen Sie sich genügend Zeit für Ihre Pralinen – die besten der Welt.

1. Arbeitsschritt
etwa 500 g Kuvertüre fein hacken (zirka 5 mm).

Werkzeuge
1 großes, möglichst schweres Messer
1 großes Küchenbrett.
Schmelzen Sie eine genügend große Menge, damit die Pralinen bequem in die Kuvertüre getaucht werden können. Was übrig bleibt, kann wieder verwendet werden. Siehe Arbeitsschritt 4.

2. Arbeitsschritt (schmelzen)
Kuvertüre im Wasserbad auf 45 bis 49 Grad bringen und schmelzen.

Werkzeuge
1 Kochtopf für das heiße Wasser
1 Schüssel für die Kuvertüre. Sie sollte mit ihrem Rand auf dem Kochtopfrand aufliegen und den Topfboden nicht berühren. (Siehe Illustration Seite 13) Dafür eignen sich auch zwei ineinander gestellte Kochtöpfe.
1 Kochlöffel
1 möglichst genaues Küchenthermometer, z. B. Joghurt-Thermometer
1 große Schüssel mit kaltem Wasser neben dem Kochherd

Nur so viel Wasser in den Kochtopf füllen, daß der Schüsselboden dieses gerade berührt. Mit zuviel Wasser könnte es beim Rühren der Kuvertüre in die Schüssel laufen. Die Kuvertüre ist dann zwar für die Überzüge nicht mehr brauchbar, wohl aber für Füllungen.

Die Hälfte der gehackten Kuvertüre in die Schüssel geben. Schmelzen, bei schwächster Hitze und unter stetem Rühren mit dem Kochlöffel. Die Wassertemperatur kontrollieren, sie darf 50 Grad nicht überschreiten. Jetzt die andere Hälfte der Kuvertüre dazugeben. Weiterrühren, bis alles geschmolzen ist. Auch die Temperatur der Kuvertüre immer wieder kontrollieren: Sie darf 49 Grad auf keinen Fall übersteigen, sonst wird sie grau. Die Schüssel mit der geschmolzenen Kuvertüre sofort in das kalte Wasser stellen.

3. Arbeitsschritt (abkühlen)
Kuvertüre auf mindestens 24 Grad abkühlen.
Die geschmolzene Kuvertüre im kalten Wasserbad unter Rühren so lange abkühlen, bis sie ein wenig dicklich wird. Sie hat jetzt auch die nötigen 24 Grad. Die weiße Kuvertüre auf etwa 22 Grad abkühlen; sie wird erst bei dieser Temperatur dicklich.

4. Arbeitsschritt (erwärmen)
Die abgekühlte Kuvertüre auf die Arbeitstemperatur von 30 bis 32 Grad erwärmen.

Werkzeuge
1 genügend große Schüssel für das heiße Wasserbad

Die große Wasserbadschüssel mit heißem Leitungswasser oder Wasser aus dem Kochtopf füllen. Es soll etwa 35 Grad haben. Nun die Kuvertüre unter Rühren auf 30 bis 32 Grad, weiße Kuvertüre nur auf 30 Grad erwärmen. Mit der so vorbereiteten Kuvertüre kann den ganzen Tag gearbeitet werden. Dabei soll sie stets auf dieser Temperatur gehalten werden. Werden die 32 Grad einmal überschritten, wird der Pralinenüberzug nicht genügend fest und bekommt die typischen grauen Streifen.

Bemerkung
Wurden die vorgegebenen Temperaturen der Arbeitsschritte 1 bis 4 nicht eingehalten, muß wieder bei Schritt 1 begonnen werden. Nur so ist garantiert, daß die Pralinen ihren schönen Glanz

bekommen und innerhalb von etwa 5 Minuten trocken sind. Um Trocknungszeit und Glanz zu kontrollieren, kann zur Probe eine Messerspitze in die Kuvertüre getaucht werden. Übriggebliebene Kuvertüre, die bereits hart ist, kann wieder verwendet werden.

5. Arbeitsschritt
Die vorgeformten Pralinen mit Kuvertüre überziehen.

Werkzeuge
Pralinengabeln
Truffesgitter (nach Belieben)
Backpapier

Die Pralinen mit Hilfe der geeigneten Gabel in die Kuvertüre tauchen. Herausnehmen, Kuvertüre gut abtropfen lassen und am Gefäßrand abstreifen. Die Pralinen auf Backpapier legen und trocknen lassen. Nach Rezept weiterarbeiten.

Sollte der Überzug nach dem Abkühlen trotzdem etwas grau beziehungsweise matt werden, weil vielleicht das Thermometer die Temperatur nicht genau angibt, hat dies auf die Qualität keinen Einfluß. Einzig unser Stolz ist etwas verletzt.

Bemerkung
Ebenfalls matt werden Pralinen, die vor diesem Arbeitsgang im Kühlschrank durchgekühlt wurden.

Pralinen

Alle Pralinen, Füllungen und Überzüge sind mit Kuvertüre rezeptiert. Sowohl Konsistenz wie Geschmack werden besser als mit Tafelschokolade und Schokoladekuchenglasur. Wer die etwas aufwendigere Arbeit mit Kuvertüre scheut, kann die Füllungen jedoch auch mit Tafelschokolade und die Überzüge mit Schokoladekuchenglasur, die nur kurz im Wasserbad erwärmt werden, zubereiten.
Sämtliche Pralinenrezepte ergeben etwa 50 Stück. Freilich, dies hängt von der Größe der jeweiligen Praline, das heißt, von Ihnen ab. Formen Sie eine Praline größer oder kleiner, dicker oder dünner, kann dies bis 20 Stück mehr oder weniger geben.

Tips & Tricks

Zu den Vorbereitungen

A. Alkohol
Auf Alkohol kann in jedem Rezept verzichtet werden, ohne daß das Rezept geändert werden muß. Früchte können statt in Alkohol auch in Orangensaft oder einen andern Fruchtsaft eingelegt werden.

B. Butter schaumig rühren
Butter mit dem Handrührgerät so lange rühren, bis sie weiß wird und sichtlich an Volumen zugenommen hat. Dies dauert etwa 10 Minuten. Wenn die Butter nicht lang genug geschlagen wird, wird die Pralinemasse nicht so luftig.

C. Nüsse rösten
Nüsse ohne Fettzugabe in eine Pfanne geben. Bei mittlerer Hitze so lange rösten, bis sie angenehm riechen. Sie dürfen dunkler werden, aber keinesfalls schwarz. Geröstete Nüsse haben einen intensiveren Nußgeschmack.

Kuvertüren
Es gibt weiße und dunkle Kuvertüre sowie Milchkuvertüre verschiedener Marken. Eine handelsübliche Form sind 2-Kilo-Packungen. Haben Sie zu Ihrem Bäcker oder Konditor ein gutes Verhältnis, wird auch er Ihnen Kuvertüre verkaufen. Sie ist zudem, allerdings in kleineren Mengen, in Schokoladegeschäften erhältlich und wird in der Regel auch von C+C-Centren (Schweiz) verkauft. Kuvertüre in Tropfenform (Boxen zu 400 g) kann bestellt werden bei:

Bernard Müller,
Postfach 71
8404 Winterthur
Tel.: 052/242 36 33
Fax: 052/242 32 52
Hier sind auch Pralinengabeln erhältlich.

D. Marzipan-Grundrezept

100 g geschälte ganze Mandeln
100 g Staub-/Puderzucker
2-3 EL Rosenwasser oder Likör oder Fruchtsaft
ein paar Tropfen Bittermandelaroma oder ein anderes Aroma
ein paar Tropfen Lebensmittelfarbe, nach Belieben

Die Mandeln im Cutter fein mahlen. Den Staubzucker beifügen und weiter mahlen. Flüssigkeit und Aroma beifügen. Alles so lange mischen, bis die Masse geschmeidig ist. Wenn sie zu trocken ist, nach Bedarf etwas Flüssigkeit beigeben. Ist sie zu feucht, noch etwas Staubzucker beifügen. Auf keinen Fall jedoch Mandeln, denn diese verbinden sich zuwenig mit der Masse.

Tip: Wo Pistazien angegeben sind, können auch Mandeln verwendet und diese mit grüner Lebensmittelfarbe gefärbt werden.

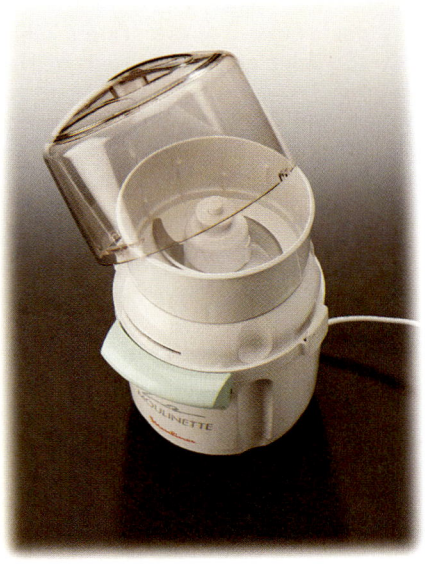

Cutter
Um Marzipan, Gianduja und Nougat selber herzustellen, ist ein Cutter unumgänglich. Darin können auch Nüsse und Schokolade gehackt werden.

Fertige Pralinenmassen

E. Geronnene Schokolade
Es kann vorkommen, daß eine Truffesmasse gerinnt. Dann hat sie eine grießige Konsistenz. Dies kann verschiedene Ursachen haben: Die Sahne oder der Topfboden waren zu heiß, als die Schokolade hinzukam. Die Masse ist zu retten, indem man 2 Eßlöffel kalte Schlagsahne zufügt und mit dem Handrührgerät gut vermischt.

F. Pralinenfüllung auskühlen
Es ist wichtig, daß die Pralinenfüllung immer ausgekühlt verarbeitet wird. Die Verfahren sind unterschiedlich und werden im folgenden beschrieben:

G. Arbeiten mit den Händen
Truffes, die mit den Händen zu Kugeln geformt werden, müssen unbedingt im Kühlschrank erkalten: am besten über Nacht, damit sie gleichmäßig kühl sind.

H. Arbeiten mit dem Spritzsack

Die Pralinenmasse muß an einem kühlen Ort auskühlen und kontrolliert werden. Sie muß sich ja noch spritzen lassen. Im Kühlschrank wäre der Vorgang zu wenig gleichmäßig. Außen wäre die Masse bereits hart, innen noch weich.

I. Arbeiten mit dem Nudelholz

Bei Massen, die ausgerollt werden müssen, hängt die Kühlung von der Konsistenz ab. Ist diese noch fast flüssig oder sehr weich, kann sie auf Backpapier etwas ausgerollt werden und dann anschließend im Kühlschrank oder an einem kühlen Ort auskühlen – so lange, bis sie zwischen den Teighölzern zur richtigen Dicke ausgerollt werden kann. Hat die Masse bereits die richtige Konsistenz, wird sie auf Backpapier ausgerollt und dann so lange in den Kühlschrank gestellt, bis sie entweder geschnitten oder aber die zweite Masse darauf gegeben werden kann.

K. Gianduja und Nougat: zu weich oder zu fest

Die Zutaten sind nach Rezept mit der geschmolzenen Kuvertüre zu einem Teig vermischt. Die jetzige Konsistenz hängt von der Temperatur der geschmolzenen Kuvertüre ab. War sie bereits zu kalt, kann es sein, daß die Masse sich nicht verbindet und noch etwas geschmolzene Kuvertüre zugefügt werden muß. War diese sehr warm, kann der Teig weich bis flüssig sein. In diesem Falle die Masse auf ein Backpapier gießen oder ausstreichen und so lange kühl stellen, bis sie nach Rezept weiter verarbeitet werden kann.

Nach dem Auskühlen

L. Die Masse ist zu fest

Ist die Schokolademasse einmal zu fest respektive zu kalt geworden, kann sie jederzeit wieder erwärmt werden. Dazu die Schüssel in ein warmes Wasserbad stellen. Dadurch kann sich die Schokolade nach Maß erwärmen. Nun kann sie weiterverarbeitet – geformt, ausgerollt oder gestrichen – werden. Dies betrifft Truffes, Nougat, Gianduja usw.

M. Runde Truffes

Darauf achten, daß die runden Truffes nicht zu groß werden; sie bekommen ja noch einen Kuvertüre-Mantel, zusätzlich Streusel, Kakao usw. Zu große Kugeln mit Truffes-Spitzchen passen nicht mehr in die üblichen Praline-Hütchen – und vielleicht auch nicht in den Mund...

N. Teig ausrollen

„Teig", der ausgerollt werden muß (für Marzipan, Truffes, Gianduja, Nougat), stets zwischen Teighölzern ausrollen. So wird er schön gleichmäßig. Die Masse am besten zwischen zwei Frischhaltefolien oder zwei Backpapieren ausrollen. Der Arbeitsplatz bleibt sauber; und da der „Teig" nirgends klebt, geht auch nichts verloren.

O. Pralinen schneiden

Dies ist eine Erfahrungssache. Die einen lassen sich besser schneiden, wenn sie sehr kalt und dementsprechend hart sind, andere wollen lieber bei Zimmertemperatur noch etwas stehen gelassen

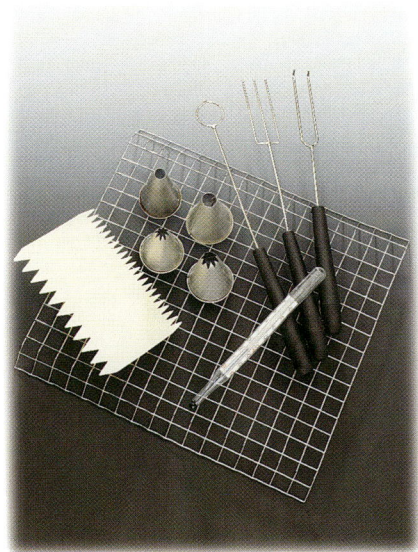

werden. Man muß es also selber ausprobieren. Vielleicht geht es besser mit einem Messer, das vor jedem Schnitt in heißes Wasser getaucht wird.

Der letzte Schliff

P. In Kuvertüre tauchen

Viereckige Pralinen, die nur rundherum dem Rand nach in Kuvertüre getaucht werden, hält man am besten auf den beiden Schmalseiten mit Daumen und Zeigefinger. Die Praline wird nun in die Schokolade eingetaucht. Schokolade am Gefäßrand gut abstreifen. Auf das Backpapier legen. Die Finger-"Lücken" mit Kuvertüre bepinseln.

Q. Garnituren und Verzierungen

Diese sind jeweils nur Vorschläge und können nach Belieben ausgewechselt, ergänzt oder eigens erfunden werden.

R. Haltbarkeit/Aufbewahrung

Pralinen bleiben etwa 14 Tage frisch. Sie sollen an einem kühlen Ort aufbewahrt werden, aber nicht im Kühlschrank. Auf keinen Fall darf die Dose verschlossen sein. Am besten werden die Schleckereien in einer Pralinenschachtel aus Karton oder Papier aufbewahrt.

Pralinengabeln
Zum Tauchen, Absetzen und Dekorieren von Pralinen. Es gibt etwa zehn verschiedene Formen. Die drei abgebildeten eignen sich für unsere Zwecke am besten.

Pralinengitter
Auf diesem werden die lustigen Spitzen für Truffes geformt. Auch ein Kuchengitter mit dem gleichen Muster tut seinen Dienst oder gar ein Stück eines kleinmaschigen Drahtzaunes.

Spritzbeutel
Mit runder und gezackter Tülle, je Nr. 6 und 8.

Küchenthermometer
Als preisgünstigste Variante eignet sich ein Joghurt-Thermometer.

Gezackter Teigspatel für Florentiner
In guten Haushaltgeschäften und Warenhäusern erhältlich.

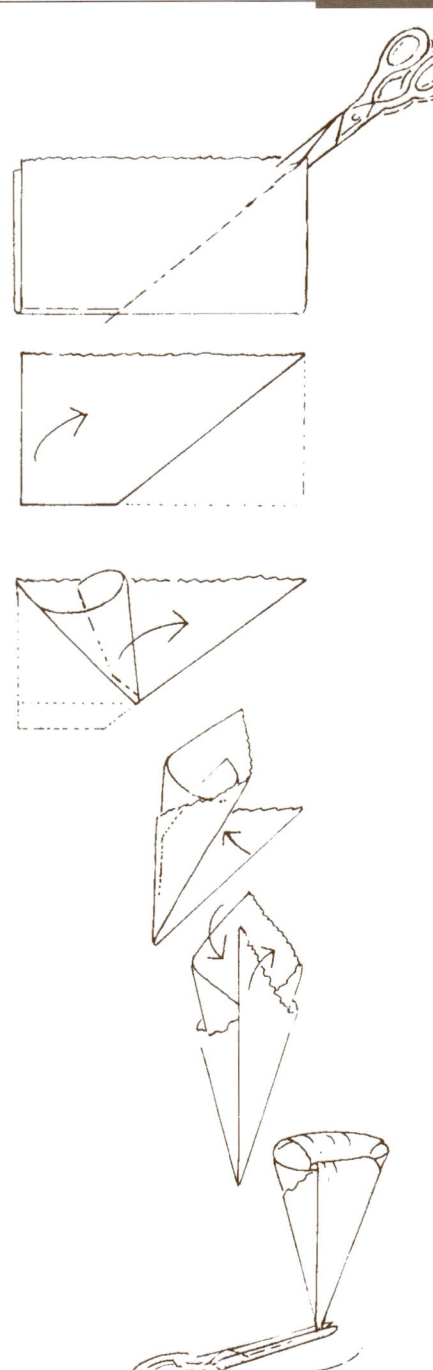

Spritztütchen - selber gemacht
Um feine Muster zu spritzen, eignen sich Spritztütchen aus Papier am besten. Diese können gut selber hergestellt werden: einen Bogen Backpapier diagonal falten und durchschneiden. Das entstandene Dreieck zu einer spitzen Tüte aufrollen. Damit diese zusammenhält, das obere Ende einschlagen. Mit dieser kleinen Tüte können die verschiedensten Schokolade- oder Zuckerglasur-Muster auf Pralinen gespritzt werden. Ist die Tüte mit der geschmolzenen Schokolade oder der Glasur gefüllt, schneiden Sie mit der Schere eine winzig kleine (!) Spitze ab.

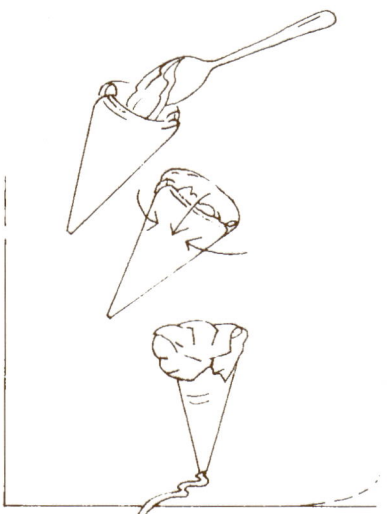

Truffes

Cognac-Truffes

225 g dunkle Kuvertüre

50 g Milchkuvertüre

100 g/1 dl Schlagsahne/Rahm

40 g Butter

ca. 6 EL Cognac

Überzug

geschmolzene Milchkuvertüre

Die dunkle Kuvertüre und die Milchkuvertüre grob hacken. Die Schlagsahne aufkochen. Die Pfanne vom Feuer ziehen. Kuvertüre, Butter und Cognac beigeben und zu einer glatten Creme rühren. Einige Stunden in den Kühlschrank stellen.

Eine Schüssel mit Eis bereitstellen. Aus der Truffesmasse mit zwei Kaffeelöffeln Portionen abstechen und diese zwischen möglichst kalten Händen zu kleinen Kugeln formen (siehe G und M, Seiten 19 und 20). Löffel und Hände immer wieder mit Eis kühlen. Die Kugeln mindestens 1 Stunde oder über Nacht kalt stellen.

Die Truffes in die geschmolzene Milchkuvertüre tauchen (siehe Seiten 13 und 14). Dann auf das Gitter legen. Die Kuvertüre etwas fest werden lassen. Das ist wichtig! Nun die Pralinen – eine nach der anderen – über das Gitter rollen, damit die typischen Spitzchen entstehen (siehe Illustration). Auf Backpapier legen und fest werden lassen.

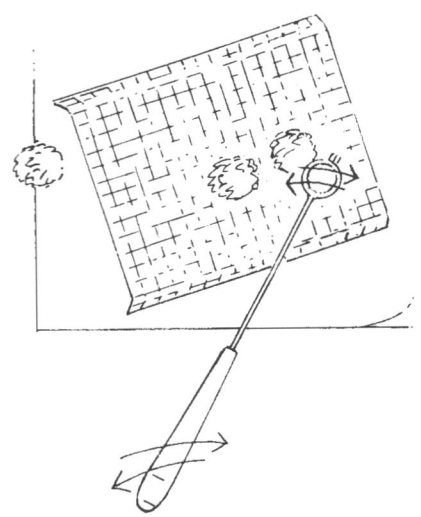

unten
Cognac-Truffes
oben
Cognac-Truffes und
Honig-Truffes (Seite 26)

Honig-Truffes

250 g Kuvertüre

75 g/0,75 dl Schlagsahne/Rahm

30 g Butter

2 EL Honig

Überzug

geschmolzene weiße oder
dunkle Kuvertüre

Die Milchkuvertüre grob hacken. Die Schlagsahne aufkochen. Die Pfanne vom Feuer ziehen. Kuvertüre, Butter und Honig beigeben und zu einer glatten Creme rühren. Einige Stunden in den Kühlschrank stellen.

Eine Schüssel mit Eis bereitstellen. Aus der Masse mit zwei Kaffeelöffeln Portionen abstechen und diese zwischen möglichst kalten Händen zu kleinen Kugeln formen (siehe G und M, Seiten 19 und 20). Löffel und Hände immer wieder mit Eis kühlen. Die Kugeln mindestens 1 Stunde oder über Nacht kalt stellen.

Die Truffes in die geschmolzene Kuvertüre tauchen (siehe Seiten 13 und 14), gut abtropfen lassen und auf das Spezialgitter legen. Die Kuvertüre etwas fest werden lassen. Das ist wichtig! Nun die Pralinen – eine nach der anderen – über das Gitter rollen, damit die typischen Spitzchen entstehen (siehe Illustration Seite 24). Auf Backpapier legen und fest werden lassen.

Abbildung Seite 25

Mokka-Truffes

275 g Milchkuvertüre

100 g/1 dl Schlagsahne/Rahm

2 EL Instant-Kaffeepulver

40 g Butter

50 g dunkle Kuvertüre

Überzug und Garnitur

geschmolzene weiße Kuvertüre

50 g dunkle Kuvertüre

Die Milchkuvertüre grob hacken. Schlagsahne und Instant-Kaffeepulver aufkochen. Die Pfanne vom Feuer ziehen. Kuvertüre und Butter beigeben und zu einer glatten Creme rühren. Auskühlen lassen.

In der Zwischenzeit 50 g dunkle Kuvertüre in kleine Würfel hacken und mit der ausgekühlten, aber noch nicht festen Masse mischen. Einige Stunden oder über Nacht in den Kühlschrank stellen.

Eine Schüssel mit Eis bereitstellen. Aus der Masse mit zwei Kaffeelöffeln Portionen abstechen und zwischen möglichst kalten Händen zu kleinen Kugeln formen (siehe G und M, Seiten 19 und 20). Löffel und Hände immer wieder mit Eis kühlen. Die Kugeln mindestens 1 Stunde kalt stellen.

Die dunkle Kuvertüre mit der Bircher-Reibe fein reiben und in einen Suppenteller geben. Die Truffes in die geschmolzene weiße Kuvertüre tauchen (siehe Seiten 13 und 14) und gut abtropfen lassen. In die geriebene Schokolade legen, aber erst darin wenden, wenn die Kuvertüre ein wenig fest ist. Auf Backpapier legen und fest werden lassen.

Abbildung Seite 29

Butter-Truffes

100 g dunkle Kuvertüre
100 g Milchkuvertüre
75 g/0,75 dl Schlagsahne/Rahm
1 Beutel Vanillezucker
100 g Butter

Karamel

100 g/1 dl Schlagsahne/Rahm
125 g Zucker
1 EL Wasser
50 g Milchkuvertüre

Überzug und Garnitur

geschmolzene dunkle Kuvertüre
50 g Staub-/Puderzucker

Dunkle Kuvertüre und Milchkuvertüre grob hacken.

Schlagsahne und Vanillezucker aufkochen. Die Pfanne vom Feuer ziehen. Kuvertüre beigeben und zu einer glatten Creme rühren. Auskühlen lassen.

Die Butter schaumig rühren (siehe B, Seite 18) und mit der ausgekühlten, aber noch nicht festen Schokoladecreme mischen. Die Masse in den Kühlschrank stellen.

In der Zwischenzeit den Karamel zubereiten. Schlagsahne und Zucker in eine hohe Pfanne geben. Bei knapper Mittelhitze köcheln lassen. Anfänglich hin und wieder umrühren. Sobald die Masse am Topfboden zu haften beginnt – was laufend kontrolliert werden muß –, unter stetem Rühren so lange köcheln lassen, bis die Masse leicht hellbeige wird und ein wenig karamelisiert. Das Wasser zufügen und gut umrühren. Die Pfanne vom Feuer ziehen. Die Masse etwa 5 Minuten auskühlen lassen. Die Milchkuvertüre grob hacken. In den Karamel geben und rühren, bis sie sich vollständig aufgelöst hat. Gerinnt nun die Masse, war der Karamel bereits zu kühl. Die Pfanne auf die ausgeschaltete, aber noch warme Herdplatte stellen und rühren, bis die Masse wieder gebunden ist. Den Karamel sogleich auf Backpapier gießen und fest werden lassen.

Aus der Karamelmasse (es werden nur etwa 50 g benötigt) kleine Würstchen formen. Mit einem Teelöffel ein wenig Truffesmasse abstechen, in die Mitte ein kleines Karamelwürstchen legen. Mit der Schokolade umschließen. Es soll eine längliche Praline entstehen. 1 Stunde in den Kühlschrank legen.

Den Staubzucker in einen Suppenteller geben. Die Truffes in die geschmolzene dunkle Kuvertüre tauchen (siehe Seiten 13 und 14) und gut abtropfen lassen. Im Staubzucker wenden, sobald die Kuvertüre fest zu werden beginnt. Auf Backpapier legen und fest werden lassen.

Tip: Die Truffes sind auch ohne Karamel herrlich!

von unten
1. Reihe: Mokka-Truffes (Seite 27)
2. Reihe: Butter-Truffes
3. Reihe: Grand-Marnier-Truffes (Seite 30)

Grand-Marnier-Truffes

250 g dunkle Kuvertüre

100 g/1 dl Schlagsahne/Rahm

2 Beutel Vanillezucker

40 g Butter

1 Orange, abgeriebene Schale

ca. 6 EL Grand Marnier

Überzug

geschmolzene dunkle Kuvertüre

50 g Kakaopulver

Die dunkle Kuvertüre grob hacken.

Schlagsahne und Vanillezucker aufkochen. Die Pfanne vom Feuer ziehen. Schokolade, Butter und Orangenschale beifügen. Gut mischen. Mit dem Grand Marnier parfümieren. Zu einer glatten Creme rühren. Einige Stunden oder über Nacht in den Kühlschrank stellen.

Eine Schüssel mit Eis bereitstellen. Aus der Masse mit zwei Kaffeelöffeln Portionen abstechen und diese zwischen möglichst kalten Händen zu kleinen Kugeln formen (siehe G und M, Seiten 19 und 20). Löffel und Hände immer wieder mit Eis kühlen. Die Kugeln mindestens 1 Stunde oder über Nacht kalt stellen.

Den Kakao in einen Suppenteller geben. Die Kugeln – eine nach der andern – in die geschmolzene Kuvertüre (siehe Seiten 13 und 14) tauchen. Sehr gut abtropfen lassen und in den Kakao legen. Darin wenden, sobald die Kuvertüre sich zu festigen beginnt. Auf Backpapier legen und fest werden lassen.

Abbildung Seite 29

Kirschspitzen

Böden

wenig geschmolzene dunkle Kuvertüre

Truffes

40 g dunkle Kuvertüre

150 g/1,5 dl Schlagsahne/Rahm

1 EL Honig

50 g Butter

ca. 6 EL Kirsch

Überzug und Garnitur

geschmolzene dunkle Kuvertüre

violette Nonpareilles (Zuckerkügelchen)

Die geschmolzene dunkle Kuvertüre in eine Papiertüte füllen (siehe Illustration Seite 22). Auf Backpapier etwa 50 kleine Böden von ca. 18 mm Durchmesser spritzen und fest werden lassen.

Die dunkle Kuvertüre grob hacken. Schlagsahne und Honig aufkochen. Die Pfanne vom Feuer ziehen. Kuvertüre beifügen, unter Rühren schmelzen. Zuerst die Butter, dann den Kirsch unterrühren. Die Masse an einem kühlen Ort (aber nicht im Kühlschrank) auskühlen lassen. Bevor sie ganz fest wird, mit dem Handrührgerät schaumig rühren.

Die Creme in einen Spritzbeutel mit runder Tülle Nr. 8 füllen. Auf die vorbereiteten Kuvertüreböden spritzen (siehe Illustration). Im Kühlschrank fest werden lassen.

Dann die Pralinen in die geschmolzene Kuvertüre tauchen (siehe Seiten 13 und 14) und mit den Nonpareilles bestreuen.

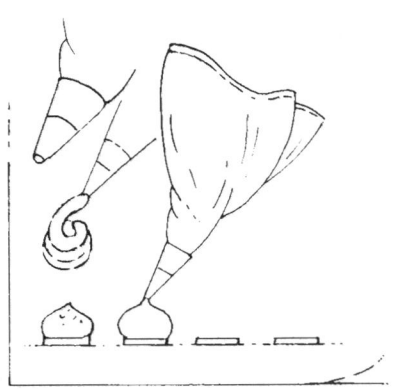

Abbildung Seite 33

Honigspitzen

Böden

wenig geschmolzene dunkle Kuvertüre

Marzipan

40 g geschälte Mandeln

40 g Staub-/Puderzucker

ca. 1 EL Wasser

150 g dunkle Kuvertüre

150 g Milchkuvertüre

120 g zimmerwarme Butter

1 Beutel Vanillezucker

60 g Honig

Überzug

geschmolzene Milchkuvertüre

silberne Zuckerperlen

Die geschmolzene dunkle Kuvertüre in eine Papiertüte füllen (siehe Illustration Seite 22). Auf Backpapier etwa 50 runde Böden von etwa 18 mm Durchmesser spritzen und fest werden lassen.

Das Marzipan nach Grundrezept zubereiten (siehe D, Seite 19).

Dunkle Kuvertüre und Milchkuvertüre grob hacken und im warmen (nicht heißen) Wasserbad schmelzen. Auf Zimmertemperatur abkühlen lassen.

Das Marzipan in kleine Stücke brechen. Butter, Marzipan und Vanillezucker schaumig rühren (siehe B, Seite 18). Erst den Honig unter Rühren beifügen, dann die Kuvertüre. Gut mischen. Die Masse an einem kühlen Ort (nicht im Kühlschrank) ruhen lassen: Sie muß noch gespritzt werden können.

Die Truffesmasse in einen Spritzbeutel mit gezackter Tülle Nr. 8 füllen. Auf die vorbereiteten Kuvertüreböden spritzen (siehe Illustration). Im Kühlschrank fest werden lassen.

Jetzt die Pralinen in die geschmolzene Kuvertüre tauchen (siehe Seiten 13 und 14) und gut abtropfen lassen. Auf die Spitzen je eine Silberperle setzen. Fest werden lassen.

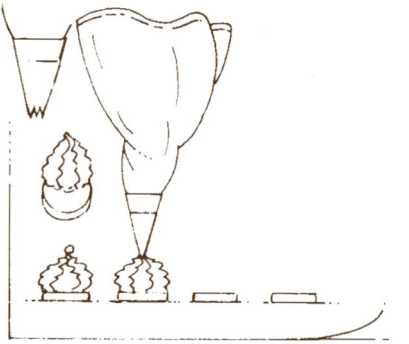

von rechts nach links
1., 3. und 5. Reihe: Honigspitzen
übrige Reihen: Kirschspitzen (Seite 31)

Bahamas-Dream

300 g weiße Kuvertüre

75 g/0,75 dl Schlagsahne/Rahm

ca. 5 EL Rum

Überzug und Garnitur

geschmolzene weiße Kuvertüre

100 g Kokosraspeln

Die weiße Kuvertüre grob hacken.

Die Schlagsahne aufkochen und die Pfanne vom Feuer ziehen. Die Kuvertüre beifügen. Rühren, bis sie vollständig geschmolzen ist. Eventuell nochmals ganz kurz auf die ausgeschaltete Herdplatte stellen. Den Rum darunterrühren. Die Masse an einen kühlen Ort stellen (nicht in den Kühlschrank). Sie muß noch formbar sein.

Die feste Masse mit dem Handrührgerät ein paar Minuten intensiv rühren, bis daraus eine luftige Creme geworden ist. Davon kleine, schön runde Kugeln formen (siehe M, Seite 20). Ist die Masse noch zu weich, kurz in den Kühlschrank stellen.

Die Kokosraspeln in einen Suppenteller geben. Die Kugeln in die geschmolzene weiße Kuvertüre tauchen (siehe Seiten 13 und 14) und sogleich in die Kokosraspeln legen. Sobald die Kuvertüre beginnt, fest zu werden, die Kugeln drehen, bis sie mit dem Kokos überzogen sind. Auf Backpapier legen und fest werden lassen.

von unten
1. Reihe: Bahamas-Dream
2. Reihe: Mokka-Stengelchen (Seite 36)
3. Reihe: Williams-Truffes (Seite 37)
4. Reihe: Honig-Traum (Seite 38)
5. Reihe: Cognac-Würfel (Seite 39)

Mokka-Stengelchen

200 g Milchkuvertüre

100 g/1 dl Schlagsahne/Rahm

1 – 2 EL Instant-Kaffeepulver

1 Beutel Vanillezucker

30 g Butter

Überzug und Garnitur

geschmolzene Milchkuvertüre

geschmolzene dunkle Kuvertüre

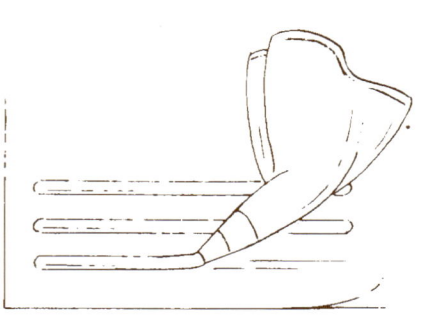

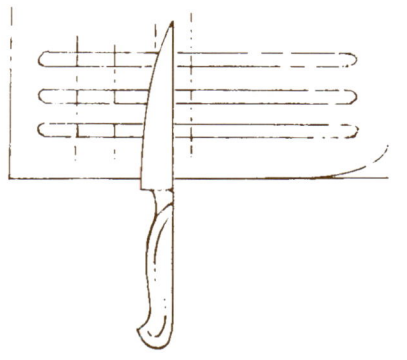

Die Milchkuvertüre grob hacken.

Schlagsahne, Instant-Kaffeepulver und Vanillezucker aufkochen. Die Pfanne vom Feuer ziehen. Kuvertüre und Butter beigeben. Rühren, bis die Kuvertüre geschmolzen ist. Im Kühlschrank oder einem anderen kühlen Ort so fest werden lassen, daß sie eben noch formbar ist.

Die Masse in einen Spritzsack mit runder Tülle Nr. 6 einfüllen. Auf Backpapier lange Stränge spritzen (siehe Illustration) und so lange kühl stellen, bis sie fest sind.

Dann mit der geschmolzenen Milchkuvertüre (siehe Seiten 13 und 14) dünn bepinseln. Ein paar Minuten trocknen lassen. Wenden und auf der Unterseite mit Kuvertüre bestreichen. Dann in 3 cm lange Stücke schneiden. Diese in die Milchkuvertüre tauchen und gut abtropfen lassen. Auf Backpapier legen und fest werden lassen.

Die dunkle Kuvertüre in eine Papierspritztüte füllen und ein Filet über die Stengel spritzen (siehe Abbildung Seite 35).

Abbildung Seite 35

Williams-Truffes

225 g Milchkuvertüre

50 g dunkle Kuvertüre

100 g/1 dl Schlagsahne/Rahm

40 g Butter

ca. 6 EL Birnenschnaps/Williams

Überzug und Garnitur

geschmolzene dunkle Kuvertüre

300 g Schokoladestreusel

Milchkuvertüre und dunkle Kuvertüre grob hacken.

Die Schlagsahne aufkochen. Die Pfanne vom Feuer ziehen. Kuvertüre, Butter und Birnenschnaps beigeben und zu einer glatten Creme rühren. Einige Stunden oder über Nacht in den Kühlschrank stellen.

Eine Schüssel mit Eis bereitstellen. Aus der Masse mit zwei Kaffeelöffeln Portionen abstechen und diese zwischen möglichst kalten Händen zu kleinen Kugeln formen (siehe G und M, Seiten 19 und 20). Löffel und Hände immer wieder mit Eis kühlen. Die Kugeln mindestens 1 Stunde oder noch besser über Nacht in den Kühlschrank stellen.

Die Streusel in einen Suppenteller geben. Die Truffes in die geschmolzene dunkle Kuvertüre tauchen (siehe Seiten 13 und 14), gut abtropfen lassen und in die Streusel legen. Mit Streusel bestreuen und darin liegen lassen, bis die Kuvertüre fest zu werden beginnt. Dann in den Streuseln wenden. Kurz darin liegen lassen, bis die Kuvertüre ein wenig fest wird. Auf Backpapier legen und fest werden lassen.

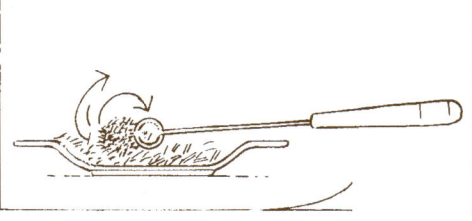

Abbildung Seite 35

Honig-Traum

300 g Milchkuvertüre

100 g/1 dl Schlagsahne/Rahm

40 g Honig

30 g Butter

Überzug und Garnitur

geschmolzene weiße Kuvertüre

1 EL Kakaopulver

Die Milchkuvertüre grob hacken.

Die Schlagsahne aufkochen. Die Pfanne vom Feuer ziehen. Kuvertüre, Honig und Butter beigeben. Rühren, bis die Kuvertüre geschmolzen ist. Die Masse an einem kühlen Ort fest werden lassen. Sie muß jedoch noch formbar sein.

Die Masse in einen Spritzsack mit runder Tülle Nr. 6 füllen. Auf Backpapier lange Stränge spritzen (siehe Illustration Seite 36) und sogleich kühl stellen, bis sie fest sind.

Dann die Stränge mit der geschmolzenen weißen Kuvertüre (siehe Seiten 13 und 14) dünn bepinseln. Ein paar Minuten trocknen lassen. Wenden und auf der Unterseite mit Kuvertüre bepinseln. Dann in 3 cm lange Stücke schneiden. Diese in die Kuvertüre tauchen und gut abtropfen lassen. Auf Backpapier legen und fest werden lassen. Mit Kakao bestäuben.

Abbildung Seite 35

Cognac-Würfel

300 g dunkle Kuvertüre

100 g/1 dl Schlagsahne/Rahm

50 g Butter

ca. 4 EL Cognac

Überzug und Garnitur

geschmolzene dunkle Kuvertüre

60 g Kakao- oder Schokoladepulver

Ein kleines viereckiges Gefäß (z. B. eine Gratinform) mit Backpapier auslegen.

Die dunkle Kuvertüre grob hacken.

Die Schlagsahne aufkochen. Die Pfanne vom Feuer ziehen. Kuvertüre und Butter beigeben. Rühren, bis die Kuvertüre geschmolzen ist. Den Cognac unterrühren. Die Masse in die vorbereitete Form gießen. Sie soll etwa 2 cm hoch sein, was sich mit einer Messerspitze kontrollieren läßt. Ist sie zu niedrig, das Backpapier so anheben und unterlegen, daß die Masse zusammenläuft und dementsprechend höher wird. Oder das Gefäß vorher mit der entsprechenden Wassermenge testen. Im Kühlschrank während einiger Stunden fest werden lassen, am besten über Nacht.

Die Masse auf die Arbeitsfläche stürzen. Auf beiden Seiten die Truffes mit der geschmolzenen Kuvertüre (siehe Seiten 13 und 14) bestreichen. Nun in etwa 2 cm große Würfel schneiden. Den Kakao in einen Suppenteller geben. Die Würfel – einen nach dem andern – in die geschmolzene Kuvertüre tauchen. Sehr gut abtropfen lassen und in den Kakao legen. Sobald die Kuvertüre sich zu festigen beginnt, die Truffes im Kakao drehen. Kurz darin liegen lassen, bis die Kuvertüre fest wird. Auf Backpapier legen und ganz fest werden lassen.

Abbildung Seite 35

Cointreau-Hütchen

Zum Ausgießen

ca. 50 Praline-Hütchen aus Alufolie

geschmolzene dunkle Kuvertüre

Füllung

200 g dunkle Kuvertüre

200 g Milchkuvertüre

150 g/1,5 dl Schlagsahne/Rahm

ca. 6 EL Cointreau

Verzierung

*kandierte Veilchen oder
violette Zuckerblümchen*

Die geschmolzene Kuvertüre (siehe Seiten 13 und 14) mit einem Eßlöffel in die Hütchen füllen. Die Kuvertüre wieder ausgießen (siehe Illustration). Was haften bleibt, fest werden lassen.

Für die Füllung die dunkle Kuvertüre und die Milchkuvertüre grob hacken. Die Schlagsahne bis vor den Kochpunkt bringen. Die Pfanne vom Feuer ziehen. Die Kuvertüre beigeben und rühren, bis sie geschmolzen ist. Die Masse an einem kühlen Ort (nicht im Kühlschrank) fest, aber nicht hart werden lassen. Dann mit dem Handrührgerät in ein paar Minuten zu einer luftigen Creme aufschlagen.

Creme in einen Spritzsack mit gezackter Tülle Nr. 6 füllen und bergartig in die ausgegossenen Hütchen spritzen.

Die Veilchen oder Zuckerblümchen grob zerbröckeln und jedes Hütchen damit garnieren. An einem kühlen Ort fest werden lassen.

*von unten
1. und 4. Reihe: Cointreau-Hütchen
2. und 5. Reihe: Mokka-Hütchen (Seite 42)
3. Reihe: Bailey's Hütchen (Seite 43)*

Mokka-Hütchen

Zum Ausgießen

ca. 50 Praline-Hütchen aus Alufolie

geschmolzene dunkle Kuvertüre

Füllung

200 g Milchkuvertüre

150 g/1,5 dl Schlagsahne/Rahm

3 EL Instant-Kaffeepulver

30 g Butter

Abschluß und Garnitur

wenig geschmolzene dunkle Kuvertüre

wenig geschmolzene weiße Kuvertüre

Die geschmolzene Kuvertüre (siehe Seiten 13 und 14) mit einem Eßlöffel in die Hütchen füllen und wieder ausgießen. (siehe Illustration Seite 40). Was haften bleibt, fest werden lassen.

Für die Füllung die Milchkuvertüre grob hacken. Schlagsahne und Instant-Kaffeepulver kurz aufkochen. Die Pfanne vom Feuer ziehen. Kuvertüre und Butter beigeben. Rühren, bis alles geschmolzen ist. Die Masse kühl stellen; sie muß noch ein wenig flüssig sein.

Die Masse mit einer Papiertüte (siehe Illustration Seite 22) in die Schokoladehütchen füllen und mit einem Spatel flachstreichen. An einem kühlen Ort fest werden lassen.

Die Füllung mit der dunklen Kuvertüre abschließen. Dies geht am besten mit einem Spatel oder einem Pinsel.

Die weiße Kuvertüre in eine Papier-Spritztüte füllen und ein Filet darauf spritzen (siehe Abbildung Seite 41).

Abbildung Seite 41

Bailey's-Hütchen

Zum Ausgießen

ca. 50 Praline-Hütchen aus Alufolie

geschmolzene dunkle Kuvertüre

Füllung

100 g dunkle Kuvertüre

100 g Milchkuvertüre

75 g/0,75 dl Schlagsahne/Rahm

ca. 5 EL Bailey's Irish Cream

100 g Butter

Abschluß und Garnitur

wenig geschmolzene Milchkuvertüre

wenig geschmolzene dunkle Kuvertüre

Die geschmolzene Kuvertüre (siehe Seiten 13 und 14) mit einem Eßlöffel in die Hütchen füllen und sofort wieder ausgießen (siehe Illustration Seite 40). Was haften bleibt, fest werden lassen.

Die dunkle Kuvertüre und die Milchkuvertüre grob hacken. Die Schlagsahne aufkochen. Die Pfanne vom Feuer ziehen. Die Kuvertüre beigeben, schmelzen lassen und zu einer glatten Creme rühren. Bailey's unterrühren. Auskühlen lassen.

Die Butter schaumig rühren (siehe B, Seite 18) und mit der ausgekühlten, aber noch nicht festen Kuvertürencreme vermengen. In die Schokoladehütchen füllen und mit einem Spatel flachstreichen (siehe Illustration). An einem kühlen Ort fest werden lassen.

Die Füllung mit der geschmolzenen Milchkuvertüre abschließen. Dies geht am besten mit einem Spatel oder Pinsel.

Die dunkle Kuvertüre in eine Papier-Spritztüte füllen (siehe Illustration Seite 22) und auf jedes Hütchen einen Tupfen spritzen. Fest werden lassen.

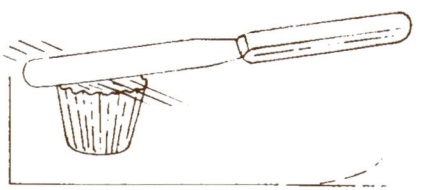

Abbildung Seite 41

Nuss-Pralinen

Lebkuchenmonde

Gianduja

75 g ungeschälte ganze Mandeln

75 g Staub-/Puderzucker

1 1/2 EL Lebkuchengewürz

100 g dunkle Kuvertüre

60 g Butter

Überzug und Garnitur

3 EL Mandelstäbchen

geschmolzene dunkle Kuvertüre

Für das Gianduja die Mandeln bei mittlerer Hitze rösten. Auskühlen lassen. Dann zusammen mit dem Staubzucker und dem Lebkuchengewürz portionenweise im Cutter mahlen.

Die dunkle Kuvertüre grob hacken und im warmen (nicht heißen) Wasserbad schmelzen. Die Schüssel aus dem Wasserbad nehmen. Die Butter untermischen. Die Masse unter Rühren zu den Nüssen und dem Staubzucker geben. Es soll ein dicker, formbarer Teig entstehen (siehe K, Seite 20). Sonst die Masse so lange kühl stellen, bis sie gut formbar ist.

Die Masse 12 bis 15 mm dick zwischen Backpapier ausrollen und kühl stellen. Sobald sie gut ausgestochen werden kann, mit einem Mondförmchen von ca. 2,5 cm Länge oder einer anderen Form ausstechen.

Die Mandelstäbchen fein hacken. Die Monde in geschmolzene Kuvertüre tauchen (siehe P, Seite 21), gut abtropfen lassen und mit wenig gehackten Mandeln bestreuen. Auf Backpapier legen und fest werden lassen.

von oben
1. und 4. Reihe: Regina (Seite 48)
2. und 5. Reihe: Lebkuchenmonde
3. Reihe: Sultan (Seite 49)

Regina

100 g Mandelblättchen

Gianduja

125 g ungeschälte ganze Mandeln

125 g Staub-/Puderzucker

125 g dunkle Kuvertüre

150 g Milchkuvertüre

Überzug

geschmolzene dunkle Kuvertüre

Die Mandelblättchen rösten, zur Seite stellen.

Die ganzen Mandeln bei mittlerer Hitze rösten. Auskühlen lassen. Dann zusammen mit dem Staubzucker portionenweise im Cutter mahlen.

Die dunkle Kuvertüre und die Milchkuvertüre grob hacken und im warmen (nicht heißen) Wasserbad schmelzen. Unter Rühren zu den Nüssen und dem Staubzucker geben. Es soll ein dicker, formbarer Teig entstehen (siehe K, Seite 20). Nun die Mandelblättchen untermischen. Eventuell die Masse kühl stellen. Sie sollte noch gut formbar sein.

Die Masse zu Rollen von 25 bis 30 mm Durchmesser formen. Kühl stellen; sie müssen sich noch gut schneiden lassen.

Die Rollen in ca. 13 mm dicke Rondellen schneiden. Die Ränder mit der geschmolzenen dunklen Kuvertüre (siehe Seiten 13 und 14) bestreichen. Wenig geschmolzene Kuvertüre in eine Papier-Spritztüte füllen (siehe Illustration Seite 22) und Tupfen auf die Pralinen spritzen.

Abbildung Seite 47

Sultan

80 g Sultaninen

ca. 4 EL Rum oder Cognac

Gianduja

50 g Mandelblättchen

125 g ungeschälte ganze Mandeln

125 g Staub-/Puderzucker

175 g Milchkuvertüre

Überzug und Garnitur

geschmolzene dunkle Kuvertüre

geschmolzene Milchkuvertüre

Die Sultaninen 2 Stunden im Rum oder Cognac marinieren.

Die Mandelblättchen rösten und zur Seite stellen.

Die ganzen Mandeln bei mittlerer Hitze rösten. Auskühlen lassen. Dann zusammen mit dem Staubzucker portionenweise im Cutter mahlen.

Die Milchkuvertüre grob hacken und im warmen (nicht heißen) Wasserbad schmelzen. Unter Rühren zu den Nüssen geben. Es soll ein dicker, formbarer Teig entstehen (siehe K, Seite 20). Marinierte Sultaninen und Mandelblättchen mit der Kuvertüremasse vermengen. Eventuell ein wenig kühl stellen; die Masse sollte noch gut formbar sein.

Rollen von etwa 2,5 cm Durchmesser formen. Flachdrücken, wo sie aufliegen, so daß sie halbrund werden. Kühl stellen. Sie müssen sich noch gut schneiden lassen.

Die Rollen auf Backpapier legen und mit geschmolzener dunkler Kuvertüre (siehe Seiten 13 und 14) rundherum bestreichen. Etwas geschmolzene Milchkuvertüre in eine Papier-Spritztüte füllen und Filets spritzen (siehe Illustration Seite 22). Fest werden lassen.

Die Rollen mit einem in heißes Wasser getauchten Messer in etwa 15 mm breite Scheiben schneiden.

Abbildung Seite 47

Nuß-Ecken

Gianduja

80 g ganze Haselnüsse

80 g geschälte ganze Mandeln

80 g Walnuß-/Baumnußhälften

120 g Staub-/Puderzucker

ca. 225 g Milchkuvertüre

Belag

40 g Mandelblättchen

40 g Butter

40 g Honig

40 g Zucker

Überzug

geschmolzene dunkle Kuvertüre

Haselnüsse und Mandeln bei mittlerer Hitze rösten. Auskühlen lassen.

Haselnüsse, Mandeln, Walnüsse und Staubzucker im Cutter portionenweise mahlen.

Die Milchkuvertüre grob hacken und im warmen (nicht heißen) Wasserbad schmelzen. Mit der Nußmischung vermengen. Die Masse bei Zimmertemperatur auskühlen lassen. Solange sie formbar ist (siehe K und N, Seite 20), zwischen Backpapier mit Teighölzern 1 cm dick ausrollen. In den Kühlschrank legen und fest werden lassen.

Für den Belag alle Zutaten in eine Pfanne geben und bei mittlerer Hitze unter gelegentlichem, sorgfältigem Umrühren köcheln lassen. Die Masse darf hellbraun werden, sie wird gleichzeitig auch ein wenig dicklich, darf aber nicht karamelisieren. Die Masse nur wenig auskühlen lassen und solange sie noch fließt, auf der ausgerollten Mandel-Kuvertüre-Masse regelmäßig ausstreichen. Im Kühlschrank auskühlen lassen.

Die Masse aus dem Kühlschrank nehmen und bei Zimmertemperatur so lange stehen lassen, bis sie sich, ohne zu zerbröckeln, gut schneiden läßt. Sogleich in Rechtecke von etwa 1,5 x 2,5 cm schneiden.

Die Rechtecke in die geschmolzene Kuvertüre tauchen (siehe P, Seite 21), so daß die Ränder mit Schokolade überzogen sind. Gut abtropfen lassen. Auf Backpapier legen und fest werden lassen.

Abbildung Seite 53

Nuß-Gianduja

Gianduja

75 g geschälte ganze Mandeln
75 g Walnuß-/Baumnußhälften
80 g Staub-/Puderzucker
ca. 125 g Milchkuvertüre

Überzug und Garnitur

ca. 100 g Walnuß-/Baumnußhälften
geschmolzene Milchkuvertüre

Die Mandeln bei mittlerer Hitze rösten. Auskühlen lassen, dann zusammen mit den Walnüssen und dem Staubzucker im Cutter portionenweise fein mahlen.

Die Milchkuvertüre grob hacken und im warmen (nicht heißen) Wasserbad schmelzen. Unter Rühren zu den Nüssen geben. Die Masse auf einem Backpapier verteilen und im Kühlschrank fest werden lassen.

Die Masse in grobe Stücke brechen und im Cutter sehr fein mahlen. Von Hand zusammenkneten. Zwischen Backpapier etwa 7 mm dick ausrollen. Mit einem Förmchen Rondellen von ungefähr 2 cm ausstechen. Darauf mit wenig geschmolzener Kuvertüre je eine Walnußhälfte kleben und fest werden lassen.

Die Rondellen in die geschmolzene Milchkuvertüre tauchen (siehe Seiten 13 und 14), gut abtropfen und auf Backpapier fest werden lassen.

Abbildung Seite 53

Pistazien-Würfel

Marzipan

100 g geschälte ganze Mandeln

50 g Pistazien ohne Schale, ungesalzen

150 g Staub-/Puderzucker

4 EL Rosenwasser

100 g Milchkuvertüre

Überzug und Garnitur

geschmolzene dunkle Kuvertüre

ca. 20 g Pistazien ohne Schale,
ungesalzen

Das Marzipan nach Grundrezept herstellen (siehe D, Seite 19). Die Pistazien mitmahlen. Die Kuvertüre fein hacken und mit dem Marzipan gut vermischen.

Das Marzipan zwischen Frischhaltefolien etwa 10 mm dick ausrollen. Quadrate von ungefähr 2 cm Größe ausschneiden. Diese in die geschmolzene Kuvertüre tauchen (siehe Seiten 13 und 14), gut abtropfen lassen. Sobald die Kuvertüre sich etwas festigt, mit der Pralinengabel ein Muster eindrücken (siehe Illustration Seite 64) und mit je einer Pistazie belegen.

von unten
1. Reihe: Nuß-Ecken (Seite 50)
2. Reihe: Nuß-Gianduja (Seite 51)
3. Reihe: Pistazien-Würfel
4. Reihe: Haselnuß-Rondellen (Seite 54)

Haselnuß-Rondellen

Gianduja

75 g Mandelblättchen

75 g ganze Haselnüsse

75 g geschälte ganze Mandeln

75 g Staub-/Puderzucker

ca. 125 g Milchkuvertüre

Überzug und Garnitur

50 g ganze Haselnüsse

geschmolzene Milchkuvertüre

Die Mandelblättchen rösten und zur Seite stellen.

Haselnüsse und Mandeln bei mittlerer Hitze rösten. Auskühlen lassen, dann zusammen mit dem Staubzucker portionenweise im Cutter mahlen.

Die Milchkuvertüre grob hacken und im warmen (nicht heißen) Wasserbad schmelzen. Unter Rühren zu den Nüssen und dem Staubzucker geben. Es soll ein dicker, formbarer Teig entstehen (siehe K, Seite 20). Nun die Mandelblättchen untermischen. Die Masse eine Zeitlang kühl stellen. Sie muß noch gut formbar sein.

Pralinenmasse zwischen Backpapier 10 bis 12 mm dick ausrollen und mit einem Förmchen Rondellen von etwa 2 cm ausstechen. Kühl stellen, bis sie fest geworden sind.

Die Haselnüsse rösten. Die Rondellen in die geschmolzene Milchkuvertüre tauchen (siehe Seiten 13 und 14), gut abtropfen lassen, dann mit je einer Haselnuß garnieren. Auf Backpapier legen und fest werden lassen.

Abbildung Seite 52

Mandel-Stäbchen

Marzipan

30 g geschälte ganze Mandeln

30 g Staub-/Puderzucker

ca. 1 EL Rosenwasser

50 g Mandelstäbchen

100 g Zucker

20 g Butter

2 EL Schlagsahne/Rahm

180 g dunkle Kuvertüre

Überzug und Garnitur

300 g geschmolzene Milchkuvertüre

100 g Mandelstäbchen

Das Marzipan nach Grundrezept zubereiten (siehe D, Seite 19).

Die Mandelstäbchen hellbraun rösten.

Das Marzipan in kleine Stücke teilen.

Den Zucker bei mittlerer Hitze karamelisieren. Die Pfanne vom Feuer ziehen, Butter und Schlagsahne beifügen und gut verrühren. Das Marzipan beigeben und so lange kräftig rühren, bis es sich mit dem Karamel zur Creme vermischt hat. Eventuell nochmals kurz erwärmen. Die Mandelstäbchen unterrühren.

Die Masse auf ein Backpapier geben, ein wenig flachdrücken, auskühlen und fest werden lassen. Dann grob zerbröckeln und im Cutter fein mahlen.

Die dunkle Kuvertüre grob hacken und im Wasserbad schmelzen. Mit dem fein gemahlenen Nußkaramel vermengen. Die Masse bei Zimmertemperatur auskühlen lassen. So lange sie noch gut formbar ist (siehe K, Seite 20), zu Rollen von etwa 12 mm Durchmesser formen. Fest werden lassen. Dann in ungefähr 3 cm lange Stücke schneiden.

Die Mandelstäbchen rösten, auskühlen lassen und fein hacken. Dann mit der geschmolzenen Milchkuvertüre vermengen. Die Stäbchen eintauchen, gut abtropfen und auf Backpapier fest werden lassen.

Abbildung Seite 57

Mandel-Rochers

150 g Mandelstäbchen

20 g Staub-/Puderzucker

150 g geschmolzene dunkle Kuvertüre oder Milchkuvertüre

Die Mandelstäbchen in ein Sieb geben und kurz mit heißem Wasser überbrausen. Abtropfen lassen, auf ein Backblech geben und leicht flachdrücken. Mit dem Staubzucker bestäuben und gut mischen. Im 220 Grad heißen Ofen während ein paar Minuten goldgelb rösten. Bei Zimmertemperatur erkalten lassen.

Die Mandelstäbchen zur geschmolzenen Kuvertüre (siehe Seiten 13 und 14) geben und gut vermengen. Mit Kaffeelöffeln kleine Häufchen auf ein Backpapier setzen. Die Rochers nicht zu groß machen! Sie sollen ja noch aussehen wie Pralinen... Fest werden lassen.

von unten
1. Reihe: Mandel-Stäbchen (Seite 55)
2. und 4. Reihe: dunkle und helle
Mandel-Rochers
3. Reihe: Honig-Nougat (Seite 58)

Honig-Nougat

120 g Mandelblättchen

200 g Honig

100 g/1 dl Schlagsahne/Rahm

Überzug

geschmolzene weiße Kuvertüre

ca. 15 ungeschälte ganze Mandeln

Die Mandelblättchen rösten.

Honig mit Schlagsahne bei guter Mittelhitze unter stetem Rühren bis zu Marmeladendicke einkochen. Kochlöffelprobe machen: Die Tropfen sollen sich zusammenziehen und schwer vom Kochlöffel fallen. Die Mandelblättchen beifügen und gut mischen. Die Masse sogleich auf ein Backpapier geben und eine Zeitlang auskühlen lassen. Sie muß noch formbar sein.

Dann mit Hilfe von Teighölzern einen langen Block von etwa 2 cm Höhe und Breite formen beziehungsweise ausrollen. Dies geht am besten, wenn die Nougatmasse mit Wasser bestrichen wird (sie klebt so weniger). Jetzt mit der geschmolzenen weißen Kuvertüre (siehe Seiten 13 und 14) rundherum bestreichen. In etwa 12 mm dicke Scheiben schneiden.

Die Mandeln vierteln. Mit wenig flüssiger Kuvertüre auf jede Praline ein Mandelviertel aufkleben.

Abbildung Seite 57

Krokant-Herzen

Nougat

200 g Mandelstäbchen

200 g Staub-/Puderzucker

100 g dunkle Kuvertüre

Überzug und Garnitur

geschmolzene dunkle Kuvertüre

silberne Zuckerperlen

Mandelstäbchen und Puderzucker in eine Pfanne geben und unter stetem Rühren erhitzen, bis der Zucker schmilzt und karamelfarbig wird. Diese Krokantmasse auf ein mit Backpapier belegtes Blech geben, ein wenig auseinanderziehen und fest werden lassen. Die Masse grob zerbröckeln und im Cutter oder in der Handmühle sehr fein mahlen.

Die dunkle Kuvertüre grob hacken und im warmen (nicht heißen) Wasserbad schmelzen (siehe Seiten 13 und 14). Unter Rühren zum gemahlenen Krokant geben. Diese Masse auf einem Backpapier verteilen, auskühlen und vollständig fest werden lassen. Dies darf ohne weiteres im Kühlschrank geschehen.

Nun die Masse in grobe Stücke schneiden und im Cutter sehr fein mahlen. Dann von Hand wieder zusammenkneten und zwischen Backpapier 12 bis 15 mm dick ausrollen. Herzen oder andere Formen von etwa 3 cm Größe ausstechen. Die Herzen in die geschmolzene Kuvertüre tauchen (siehe Seiten 13 und 14) und gut abtropfen lassen. Mit je einer Silberperle garnieren.

Abbildung Seite 61

Nougat-Sterne

Nougat (Krokant)

100 g Staub-/Puderzucker

100 g Mandelstäbchen

120 g weiße Kuvertüre

Überzug und Garnitur

geschmolzene weiße Kuvertüre

1 EL Krokant (siehe oben)

Für das Nougat die Mandelstäbchen mit dem Staubzucker in eine Pfanne geben und unter stetem Rühren erhitzen, bis der Zucker schmilzt und karamelfarbig wird. Diese Krokantmasse auf ein mit Backpapier belegtes Blech geben, ein wenig auseinanderziehen und fest werden lassen. Die Krokantmasse grob zerbröckeln und im Cutter oder in der Handmühle fein mahlen. Einen Eßlöffel Krokant beiseite stellen.

Die weiße Kuvertüre grob hacken und im warmen Wasserbad schmelzen (siehe Seiten 13 und 14). Unter Rühren zum gemahlenen Krokant geben. Dann auf einem Backpapier verteilen, auskühlen und vollständig fest werden lassen. Dies darf ohne weiteres im Kühlschrank geschehen.

Die Masse in grobe Stücke schneiden und im Cutter fein mahlen. Von Hand wieder zusammenkneten und zwischen Backpapier etwa 12 mm dick ausrollen. Sterne ausstechen. In die geschmolzene Kuvertüre tauchen (siehe Seiten 13 und 14), gut abtropfen lassen und sogleich mit dem zur Seite gelegten Krokant bestreuen.

Tip: Sterne auszustechen braucht etwas Geduld. Diese Praline kann mit jedem andern Förmchen oder auch rund ausgestochen werden. Auf Backpapier legen und fest werden lassen.

von rechts
1. Reihe: Krokant-Herzen (Seite 59)
2. Reihe: Nougat-Sterne
3. Reihe: Krokant-Orange (Seite 62)

Krokant-Orange

Nougat

100 g Mandelstäbchen

100 g Staub-/Puderzucker

100 g Milchkuvertüre

50 g Orangeat

Überzug und Garnitur

geschmolzene dunkle Kuvertüre

ca. 30 Orangenstückchen oder
1 Schnitz kandierte Orange

Für das Nougat die Mandelstäbchen mit dem Staubzucker in eine Pfanne geben und unter stetem Rühren erhitzen, bis der Zucker schmilzt und karamelfarbig wird. Diese Krokantmasse auf ein mit Backpapier belegtes Blech geben, ein wenig auseinanderziehen und fest werden lassen. Dann die Krokantmasse grob zerbröckeln und im Cutter oder in der Handmühle fein mahlen.

Die Milchkuvertüre grob hacken und im warmen (nicht im heißen) Wasserbad schmelzen (siehe Seiten 13 und 14). Unter Rühren zum gemahlenen Krokant geben. Auf ein Backpapier verteilen, auskühlen und vollständig fest werden lassen. Dies darf ohne weiteres im Kühlschrank geschehen.

Die Masse in grobe Stücke schneiden und im Cutter fein mahlen. Das Orangeat beifügen, alles von Hand wieder zusammenkneten und zwischen Backpapier 12 mm dick ausrollen. Aus der Masse 22 mm breite Streifen schneiden. Die Streifen in Dreiecke teilen und deren Spitzen wegschneiden.

Die stumpfen Dreiecke in die geschmolzene Kuvertüre tauchen (siehe Seiten 13 und 14) und gut abtropfen lassen. Sobald die Kuvertüre leicht fest wird, mit einem Orangeatstückchen belegen.

Tip: Anstelle eines kandierten Orangeatwürfelchens kann die Praline auch mit einem kandierten Orangenschnitz-Streifen belegt werden.

Abbildung Seite 61

Hausmischu

Grand-Marnier-Fenster

Marzipan

200 g geschälte ganze Mandeln

200 g Staub-/Puderzucker

ca. 6 EL Grand Marnier

Überzug

geschmolzene Milchkuvertüre

Das Marzipan nach Grundrezept zubereiten (siehe D, Seite 19).

Das Marzipan zwischen Frischhaltefolien etwa 1 cm dick ausrollen und Quadrate von etwa 2 cm Länge schneiden.

Die Quadrate in die geschmolzene Kuvertüre tauchen (siehe Seiten 13 und 14). Gut abtropfen lassen und auf Backpapier legen. Sobald die Kuvertüre sich zu festigen beginnt, mit der Gabel auf jede Praline kreuzweise ein Muster drükken, so daß Vierecke entstehen (siehe Illustration). Auf Backpapier legen und fest werden lassen.

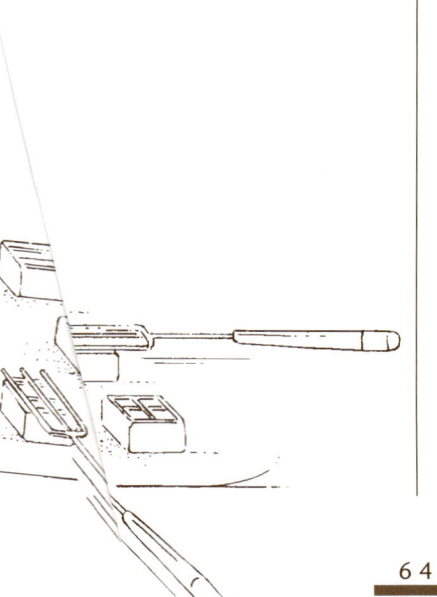

unten
Grand-Marnier-Fenster
oben
Ramona (Seite 66)

Ramona

100 g Orangeat

150 g dunkle Kuvertüre

60 g Zucker

100 g Honig

Die Orangeatwürfelchen fein hacken. Die Kuvertüre grob hacken.

Den Zucker mit dem Honig einmal kurz aufkochen. Die Pfanne vom Feuer ziehen. Nur wenig auskühlen lassen. Das Orangeat beifügen und gut mischen. Die Kuvertüre zufügen und rühren, bis sie geschmolzen ist.

Die Masse auskühlen und fest werden lassen. Sie muß aber noch geformt werden können. Dann etwa 10 mm dicke Rollen formen. Diese in etwa 3 cm lange Stücke schneiden und an einem kühlen Ort, aber nicht im Kühlschrank, fest werden lassen.

Rollen in die geschmolzene dunkle Kuvertüre tauchen (siehe Seiten 13 und 14) und gut abtropfen lassen. Dann auf das spezielle Gitter (Seite 21) legen. Die Kuvertüre ein bißchen fest werden lassen (wichtig für den Erfolg!). Nun die Pralinen – eine nach der anderen – über das Gitter rollen, damit die typischen Truffesspitzchen entstehen (siehe Illustration Seite 24). Auf Backpapier legen und fest werden lassen.

Abbildung Seite 65

Baumstämmchen

Marzipan

150 g geschälte Mandeln

150 g Staub-/Puderzucker

ca. 4 EL Amaretto oder Maraschino oder Rosenwasser

ein paar Tropfen grüne Lebensmittelfarbe

225 g dunkle Kuvertüre

50 g zimmerwarme Butter

3 EL Rum

Überzug und Garnitur

geschmolzene dunkle Kuvertüre

Das Marzipan nach Grundrezept zubereiten (siehe D, Seite 19).

Die dunkle Kuvertüre grob hacken und im warmen (nicht heißen) Wasserbad schmelzen. Ein wenig auskühlen lassen. Die Butter schaumig schlagen (siehe B, Seite 18). Die Kuvertüre unter Rühren beifügen. Mit dem Rum parfümieren. Die Masse so lange an einem kühlen Ort (nicht im Kühlschrank) fest werden lassen, daß sie eben noch formbar ist.

Das Marzipan zwischen Frischhaltefolien 7 cm breit und 5 mm dick ausrollen. Die Kuvertüremasse in einen Spritzsack mit runder Tülle (etwa Nr. 6) füllen. In die Mitte der Marzipanstreifen der ganzen Länge nach je einen Strang spritzen (siehe Illustration). Das Marzipan satt um die Füllung wickeln.

Die Rolle 30 Minuten kühl stellen. Danach mit der geschmolzenen Kuvertüre (siehe Seiten 13 und 14) bepinseln. Nochmals etwa 30 Minuten trocknen lassen. Dann die Rollen wenden und auch auf der Unterseite bepinseln. Erneut trocknen lassen und die Rolle mit einem in heißes Wasser getauchtem Messer in 1,5 cm breite Scheiben schneiden.

Abbildung Seite 69

Nuß-Pralinen

Marzipan

200 g geschälte ganze Mandeln

200 g Staub-/Puderzucker

5 – 6 EL Maraschino oder ein paar
Tropfen Bittermandelaroma und
5 – 6 EL Wasser

100 g Walnuß- /Baumnußhälften

Überzug

geschmolzene Milchkuvertüre

Das Marzipan nach Grundrezept zubereiten (siehe D, Seite 109).

Die Masse zu einer etwa 3 cm dicken
Rolle formen. 2,5 cm dicke Scheiben
schneiden und diese oval formen. Darauf je eine schöne Walnuß setzen. Diese
zuerst in wenig Wasser eintauchen,
damit sie auf dem Marzipan haftet, oder
mit wenig Kuvertüre festkleben. 30
Minuten ruhen lassen.

Eine Praline nach der andern sorgfältig
an der Nuß festhalten und bis zur Hälfte
in die geschmolzene Milchkuvertüre
(siehe Seiten 13 und 14) eintauchen. Auf
Backpapier legen und fest werden lassen.

von rechts
1. und 4. Reihe: Baumstämmchen (Seite 67)
2. Reihe: Schachmatt (Seite 70)
3. Nuß-Pralinen

Schachmatt

Marzipan

70 g geschälte ganze Mandeln

50 g Pistazien ohne Schale, ungesalzen

120 g Staub-/Puderzucker

ca. 3 EL Wasser

nach Belieben ein paar Tropfen
Bittermandelaroma

Truffes

200 g dunkle Kuvertüre

75 g/0,75 dl Schlagsahne/Rahm

Zum Bestreichen

geschmolzene dunkle Kuvertüre

Das Marzipan nach Grundrezept zubereiten (siehe D, Seite 19).

Für die Truffesmasse die dunkle Kuvertüre grob hacken. Die Schlagsahne aufkochen. Die Pfanne vom Feuer ziehen.
Die Kuvertüre beifügen und rühren, bis
sie geschmolzen ist. An einem kühlen
Ort fest werden lassen, aber nur so lange, daß die Masse noch geformt werden
kann.

Die Truffesmasse zwischen Backpapier
und zwei Teighölzern zu einem schma-
len Viereck von 1 cm Dicke ausrollen.
Daraus mit einem in heißes Wasser getauchten Messer Streifen von 15 mm
Breite schneiden.

Auch das Marzipan zwischen Frischhaltefolien ausrollen und ebenfalls Streifen
von 15 mm Breite schneiden.

Nun einen Truffesstreifen neben einen
Marzipanstreifen legen, darauf versetzt
je einen andersfarbigen Streifen legen.
Das Nudelholz mit leichtem Druck dar-
überrollen, damit die Streifen zusam-
menhalten. Dazu am besten die Teighölzer seitlich andrücken, damit das
Ganze nicht breitgedrückt wird.

Mit einem in heißes Wasser getauchten
Messer 12 bis 15 mm dicke Pralinen
schneiden. Die Ränder mit geschmolzener dunkler Kuvertüre bestreichen (siehe
Seiten 13 und 14 sowie 20). Auf Backpapier legen und fest werden lassen.

Abbildung Seite 69

Brigitta

Karamel

250 g/2,5 dl Schlagsahne/Rahm

125 g Zucker

2 EL Wasser

100 g Milchkuvertüre

Truffesmasse

275 g dunkle Kuvertüre

100 g/1 dl Schlagsahne/Rahm

Zum Bestreichen

geschmolzene dunkle Kuvertüre

Für den Karamel Schlagsahne und Zucker in eine hohe Pfanne geben. Bei knapper Mittelhitze köcheln lassen. Anfänglich hin und wieder umrühren. Sobald die Masse am Topfboden zu haften beginnt – dies muß ständig kontrolliert werden – unter stetem Rühren solange köcheln lassen, bis die Masse leicht hellbeige wird und ein wenig karamelisiert. Das Wasser zufügen, gut rühren. Die Pfanne vom Feuer ziehen. Die Masse ein wenig auskühlen lassen – etwa 5 Minuten.

In der Zwischenzeit die Milchkuvertüre grob hacken. Zum Karamel geben und rühren, bis er sich vollständig aufgelöst hat. Gerinnt die Masse, war der Karamel bereits zu kühl. In diesem Falle die Pfanne auf die ausgeschaltete Herdplatte stellen und rühren, bis die Masse wieder gebunden ist. Im Kühlschrank auskühlen lassen.

Für die Truffesmasse die dunkle Kuvertüre grob hacken. Die Schlagsahne aufkochen. Die Pfanne vom Feuer ziehen, die Schokolade beifügen und rühren, bis sie geschmolzen ist. An einem kühlen Ort, jedoch nicht im Kühlschrank, fest werden lassen. Die Masse muß noch gut formbar sein.

Den Karamel zwischen Backpapier und zwei Teighölzern zu einem Viereck von 7 mm Dicke ausrollen. Im Kühlschrank 30 Minuten fest werden lassen. Dann die Truffesmasse darauf geben, wieder zwischen Teighölzern auf insgesamt etwa 14 mm Dicke ausrollen. Erneut in den Kühlschrank stellen.

Das Viereck mit der geschmolzenen Kuvertüre (siehe Seiten 13 und 14) beidseitig bestreichen, d. h. die zweite Seite nach dem Festwerden der ersten.

Das Viereck mit einem Messer, das immer wieder in heißes Wasser getaucht wird, in etwa 1,2 cm breite und 3 cm lange Pralinen schneiden.

Die Pralinen rundherum in dunkle Kuvertüre tauchen (siehe P, Seite 21). Gut abtropfen lassen. Man kann den Rand auch mit dem Pinsel bestreichen. Auf Backpapier legen und fest werden lassen.

Abbildung Seite 73

Karamel-Triangel

Karamel

250 g/2,5 dl Schlagsahne/Rahm

125 g Zucker

3 EL Rum

100 g dunkle Kuvertüre

Überzug und Garnitur

geschmolzene dunkle Kuvertüre

geschmolzene Milchkuvertüre

Für den Karamel die Schlagsahne mit dem Zucker in eine hohe Pfanne geben. Bei knapper Mittelhitze köcheln lassen. Anfänglich hin und wieder umrühren. Sobald die Masse am Topfboden zu haften beginnt – was ständig kontrolliert werden muß –, unter stetem Rühren so lange köcheln lassen, bis die Masse leicht hellbeige wird und ein wenig karamelisiert. Das Wasser zufügen, gut um-rühren. Die Pfanne vom Feuer ziehen. Die Masse ein wenig auskühlen lassen – etwa 5 Minuten.

In der Zwischenzeit die dunkle Kuvertüre grob hacken. In den Karamel geben und rühren, bis sie sich vollständig aufgelöst hat. Gerinnt nun die Masse, war der Karamel bereits zu kühl. In diesem Falle die Pfanne auf die ausgeschaltete Herdplatte stellen und rühren, bis die Masse wieder gebunden ist. Diese auf einem Backpapier 10 bis 12 mm dick ausstreichen. Im Kühlschrank fest werden lassen. Die Masse kann auch erst nach dem Erkalten ausgerollt werden, am besten zwischen zwei Teighölzern.

Nun mit einem dreieckigen Förmchen von 2,5 cm Seitenlänge oder mit einem anderen x-beliebigen Förmchen ausstechen. Reste zusammenkneten und wieder ausrollen.

Die Dreiecke in die geschmolzene dunkle Kuvertüre tauchen (siehe Seiten 13 und 14) und gut abtropfen lassen. Die Milchkuvertüre in eine Papiertüte füllen und über die Pralinen ein Filet spritzen (siehe Illustration). Auf Backpapier legen und fest werden lassen.

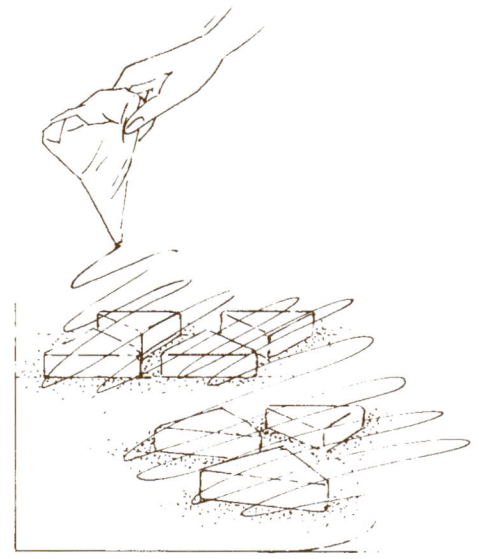

von unten
1. und 5. Reihe: Brigitta (Seite 71)
2. und 4. Reihe: Karamel-Triangel
3. Reihe: Mokka-Rhomben (Seite 74)

Mokka-Rhomben

Karamel

250 g/2,5 dl Schlagsahne/Rahm

1 EL Instant-Kaffeepulver

125 g Zucker

2 EL Wasser

100 g Milchkuvertüre

Überzug und Garnitur

geschmolzene Milchkuvertüre

Mokkabohnen

Für den Karamel Schlagsahne, Kaffeepulver und Zucker in eine hohe Pfanne geben. Bei knapper Mittelhitze köcheln lassen. Anfänglich hin und wieder umrühren. Sobald die Masse am Topfboden zu haften beginnt – was ständig kontrolliert werden muß –, unter stetem Rühren so lange köcheln lassen, bis die Masse leicht hellbeige wird und ein wenig karamelisiert. Das Wasser zufügen, gut umrühren. Die Pfanne vom Feuer ziehen. Die Masse ein wenig auskühlen lassen – etwa 5 Minuten.

In der Zwischenzeit die Kuvertüre grob hacken. In den Karamel geben und rühren, bis sie sich vollständig aufgelöst hat. Gerinnt die Masse, war der Karamel bereits zu kühl. In diesem Falle die Pfanne auf die ausgeschaltete Herdplatte stellen und rühren, bis die Masse wieder gebunden ist. Diese auf einem Backpapier 10 bis 12 mm dick ausstreichen. Im Kühlschrank fest werden lassen. Die Masse kann auch erst nach dem Erkalten ausgerollt werden, am besten zwischen zwei Teighölzern.

Aus der Masse mit Hilfe eines Maßstabes Streifen von etwa 1,5 cm Breite schneiden. Diese in Rhomben schneiden. Reste zusammenkneten und wieder ausrollen.

Die Rhomben in die geschmolzene Kuvertüre tauchen (siehe Seiten 13 und 14) und gut abtropfen lassen. So lange die Kuvertüre noch weich ist, mit je einer Mokkabohne garnieren. Auf Backpapier legen und fest werden lassen.

Abbildung Seite 73

Spielereien

Schmetterlinge

etwa 25 Stück

1 Orange

200 g weiße Schokolade

50 g zimmerwarme Butter

*1 Schachtel hauchdünne
Schokoladeplättchen*

Die Orange mit etwas Abwaschseife gut waschen, abspülen und trockenreiben. Auf einer feinen Reibe die orange Schale abreiben, die weiße Schale darf nicht sichtbar werden.

Die Schokolade zerbröckeln, im Wasserbad schmelzen. Die Schüssel aus dem Wasserbad nehmen und die Schokolade ein wenig auskühlen lassen. Sie darf kaum mehr warm sein (mit dem Finger die Wärme kontrollieren!). Die Butter stückweise unter Rühren beifügen. Dann die Orangenschale unterrühren und die Creme im Kühlschrank so fest werden lassen, daß sie noch gespritzt werden kann.

In einer kleinen Schüssel kochendheißes Wasser bereitstellen. Ein Herzförmchen von etwa 3 cm Durchmesser immer wieder ins heiße Wasser tauchen und aus den Schokoladeplättchen sorgfältig etwa 75 Herzen ausstechen.

Die Schokoladecreme in einen Spritzsack mit gezackter Tülle Nr. 6 füllen. Ein Drittel der Herzen (25 Stück) mit Creme besprizten beziehungsweise in die Mitte der Länge nach eine Wurst spritzen. In den Kühlschrank stellen, bis die Creme fest ist. Jeweils zwei Herzen in die „Wurst" stecken, so daß ein Schmetterling entsteht.

Unbedingt kühl aufbewahren.

Können Kinder mit etwas Geduld gut selber herstellen.

Abbildung Seite 79

Sterne

etwa 30 Stück

200 g weiße Schokolade

50 g/0,5 dl Schlagsahne/Rahm

2 EL Whisky oder Rum, nach Belieben

1 Schachtel hauchdünne Schokoladeplättchen

1 EL Kakaopulver

Die Schokolade grob hacken. Die Schlagsahne aufkochen. Die Pfanne vom Feuer ziehen. Die Schokolade beigeben und rühren, bis sie geschmolzen ist. Nach Belieben Whisky oder Rum zufügen. Die Masse im Kühlschrank abkühlen. Sie muß aber, damit sie gespritzt werden kann, noch etwas weich sein.

In einer kleinen Schüssel kochendheißes Wasser bereitstellen. Ein Sternförmchen oder ein anderes Förmchen von etwa 3 cm Durchmesser immer wieder ins heiße Wasser tauchen und aus den Schokoladeplättchen sorgfältig etwa 60 Sterne ausstechen. Dazu muß das Wasser wirklich heiß sein, sonst bringt man die Sterne nicht schön aus den Förmchen.

Die Schokoladecreme in einen Spritzsack mit gezackter Tülle Nr. 6 füllen. Die Hälfte der Sterne mit Creme bespritzen; die andere Hälfte bekommt nur einen kleinen Tupfen. Aufeinandersetzen und mit Kakao bestäuben.

Unbedingt kühl aufbewahren!

Tip: Ausgestochene Schokoladeresten können für eine Truffesfüllung oder eine Schokoladecreme verwendet werden.

Anstelle der Sterne die Schokoladeplättchen nach Lust und Laune in je zwei Stücke brechen. Diese mit der Creme füllen und aufeinanderlegen. Sieht ebenso lustig aus.

Abbildung Seite 79

Schokolade-Dreiecke

etwa 30 Stück

1 Orange

100 g dunkle Schokolade

125 g/1,25 dl Schlagsahne/Rahm

50 g zimmerwarme Butter

1 Schachtel hauchdünne Schokoladeplättchen

Die Schokolade fein hacken.

Die Schlagsahne aufkochen. Die Pfanne vom Feuer ziehen. Die Schokolade beifügen und rühren, bis sie sich aufgelöst hat. Diese Creme im Kühlschrank vollständig auskühlen lassen.

Die Butter mit dem Handrührgerät schaumig schlagen (siehe B, Seite 18).

Sobald die Schokoladecreme kalt ist, mit dem Handrührgerät so lange rühren, bis eine luftige, dicke Creme von sahneähnlicher Konsistenz entsteht. Sorgfältig mit der Butter vermengen. Sollte die Creme scheiden, kurz in ein Wasserbad stellen und rühren, bis sie wieder schön cremig ist.

Die Schokoladeplättchen mit einem immer wieder in heißes Wasser getauchten Messer in Dreiecke schneiden. Die Schokoladecreme in einen Spritzsack mit gezackter Tülle Nr. 6 füllen. Die Hälfte der Ecken mit Creme bespritzen. Die andere Hälfte bekommt nur einen kleinen Tupfen. Beide zusammensetzen.

Unbedingt kühl aufbewahren.

Können Kinder mit etwas Geduld gut selber herstellen.

von links
1. und 6. Reihe: Möndchen (Seite 80)
2. Reihe: Muscheln (Seite 81)
3. Reihe: Sterne (Seite 77)
4. Reihe: Schokolade-Dreiecke
5. Reihe: Schmetterling (Seite 76)

Möndchen

etwa 30 Stück

1 Schachtel hauchdünne
Schokoladeplättchen

ca. 100 g Milchschokolade

50 g/0,5 dl Schlagsahne/Rahm

1 TL Instant-Kaffeepulver

35 g Butter

Garnitur

goldene Zuckerperlen

In einer kleinen Schüssel kochendheißes Wasser bereitstellen. Ein Mondförmchen oder ein rundes Förmchen von etwa 3 cm Durchmesser wiederholt ins heiße Wasser tauchen und aus den Schokoladeplättchen sorgfältig etwa 60 kleine Monde ausstechen.

Die Schokoladeresten, die vom Ausstechen zurückbleiben, mit Schokolade auf 150 g ergänzen. Diese grob hacken.

Schlagsahne und Instant-Kaffeepulver aufkochen, den Topf vom Feuer ziehen. Schokolade und Butter beigeben und rühren, bis die Schokolade geschmolzen ist. Die Masse im Kühlschrank erkalten lassen. Sie muß noch etwas weich sein, damit sie gespritzt werden kann.

Die Schokoladecreme in einen Spritzsack mit gezackter Tülle Nr. 6 füllen. Die Hälfte der Monde mit Creme bespritzen; die andere Hälfte bekommt nur einen kleinen Tupfen. Aufeinandersetzen. Mit Goldperlen schmücken.

Unbedingt kühl aufbewahren.

Können größere Kinder mit etwas Geduld selber herstellen.

Muscheln

etwa 25 Stück

*1 Schachtel hauchdünne
Schokoladeplättchen*

ca. 100 g dunkle Schokolade

50 g/0,5 dl Schlagsahne/Rahm

35 g Butter

3 EL Cognac, nach Belieben

Garnitur

silberne Zuckerperlen

In einer kleinen Schüssel kochendheißes Wasser bereitstellen. Ein Herzförmchen von etwa 5 cm Länge wiederholt ins heiße Wasser tauchen und aus den Schokoladeplättchen sorgfältig etwa 50 halbe Herzen ausstechen.

Die Schokoladeresten, die vom Ausstechen zurückbleiben, mit Schokolade auf 150 g ergänzen. Diese grob hacken.

Die Sahne aufkochen, die Pfanne vom Feuer ziehen. Schokolade und Butter beigeben und rühren, bis die Schokolade geschmolzen ist. Cognac zufügen.

Die Masse im Kühlschrank erkalten lassen. Sie muß noch etwas weich sein, damit sie gespritzt werden kann.

Die Schokoladecreme in einen Spritzsack mit gezackter Tülle Nr. 6 füllen. Die Hälfte der „Muschelschalen" mit Creme bespritzen. Aufeinandersetzen und in die Ecke einen kleinen Tupfen spritzen. Mit Silberperlen garnieren.

Unbedingt kühl aufbewahren.

Können größere Kinder mit etwas Geduld selber herstellen.

Abbildung Seite 79

Dominosteine

etwa 50 Stück

Karamel

250 g/2,5 dl Schlagsahne/Rahm

125 g Zucker

2 EL Wasser

Zum Überziehen und für die Garnitur

2 Beutel dunkle Schokoladeglasur

3 EL Staub-/Puderzucker

2 – 3 TL Wasser

Für den Karamel die Schlagsahne mit dem Zucker in eine hohe Pfanne geben. Bei knapper Mittelhitze köcheln lassen. Anfänglich hin und wieder umrühren. Sobald die Masse am Topfboden zu haften beginnt – was ständig kontrolliert werden muß –, unter stetem Rühren so lange köcheln lassen, bis die Masse dunkelbeige respektive hellbraun wird und zu karamelisieren beginnt. Das Wasser zufügen, gut verrühren. Die Pfanne vom Feuer ziehen. Die Masse auf ein Backpapier gießen und im Kühlschrank erkalten lassen.

Die Karamelmasse zu einer Kugel formen und zwischen Backpapier mit Hilfe von zwei Teighölzern 7 – 10 mm dick ausrollen. Dann Rechtecke von 4 x 2 cm Größe schneiden. Sie dürfen auch größer sein. Nur das Verhältnis sollte stimmen: Es müssen darauf zwei Quadrate eingezeichnet werden können. Die Dominosteine sollen immer doppelt so lang wie breit sein. Nochmals im Kühlschrank durchkühlen lassen.

Die Schokoladeglasur nach der Packungsanleitung schmelzen. Die Karamel-Rechtecke darin eintauchen, auf Backpapier fest werden lassen.

Für die Tupfen Staubzucker und Wasser zu einer dicken Glasur rühren. Die Masse in eine Papier-Spritztüte füllen (siehe Seite 22) und auf die Schokolade ein Domino aufspritzen.

Für Kinder eine Schachtel mit rechteckigen (etwa 4 x 7 cm) Schokoladeplättchen kaufen (meist in farbiges Papier eingepackt). Es kann jedoch auch eine Tafel Schokolade sein, von der immer zwei Schokoladetäfelchen miteinander abgebrochen werden.

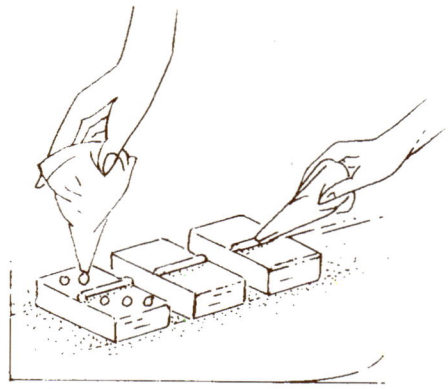

vorn: Dominosteine
hinten: Jaß-Spiel (Seite 84)

Jaß-Spiel

etwa 40 Stück

Karamel

250 g/2,5 dl Schlagsahne/Rahm

125 g Zucker

2 EL Wasser

Zum Überziehen

1 Beutel helle Schokoladeglasur

1 Beutel dunkle Schokoladeglasur

Für den Karamel die Schlagsahne mit dem Zucker in eine hohe Pfanne geben. Bei knapper Mittelhitze köcheln lassen. Anfänglich hin und wieder umrühren. Sobald die Masse am Topfboden zu haften beginnt – was ständig zu kontrollieren ist –, unter stetem Rühren so lange köcheln lassen, bis die Masse hellbraun wird und zu karamelisieren beginnt. Das Wasser zufügen, gut verrühren. Die Pfanne vom Feuer ziehen. Die Karamelmasse zu einer Kugel formen und zwischen Backpapier legen. Mit Hilfe zweier Teighölzer etwa 1 cm dick ausrollen. Nochmals im Kühlschrank durchkühlen lassen. Mit Kartenförmchen (Kreuz, Pique, Herz und Karo) ausstechen. Nochmals im Kühlschrank durchkühlen lassen.

Die Schokoladeglasur nach Packungsanleitung schmelzen. Die Karamel-Förmchen darin eintauchen. Auf Backpapier fest werden lassen.

Mit gekauftem Marzipan zubereiten.

Abbildung Seite 83

Maikäfer

etwa 25 Stück

Nougat

100 g Mandelstäbchen

100 g Staub-/Puderzucker

ca. 30 g Milchschokolade

Überzug und Garnitur

1 Beutel helle Schokoladeglasur

1 Beutel dunkle Schokoladeglasur

ca. 50 g ungeschälte ganze Mandeln

Mandelstäbchen und Staubzucker in eine Pfanne geben und unter stetem Rühren erhitzen, bis der Zucker schmilzt und karamelfarbig wird. Die Masse sogleich auf ein mit Backpapier belegtes Blech geben, ein wenig auseinanderziehen, fest werden und erkalten lassen. Dann das Krokant grob zerbröckeln und im Cutter oder in der Handmühle sehr fein mahlen.

Die Schokolade grob hacken und im warmen (nicht im heißen) Wasserbad schmelzen. Zum gemahlenen Krokant geben. Es soll ein dicker, formbarer Teig entstehen (siehe K, Seite 20). Die Masse nur so weit abkühlen lassen, daß sie noch gut formbar ist.

Aus der Masse lange Rollen von etwa 15 mm Dicke formen. Diese in 3,5 cm lange Stücke schneiden. Die Enden rund formen. Kühl stellen.

Die helle Schokoladeglasur nach Pakkungsanleitung schmelzen. Die festgewordenen Körper – einen nach dem andern – darin eintauchen. Auf Backpapier legen. Sobald die Schokolade sich festigt, je zwei Mandeln als Flügel an den Körper drücken. Halten, bis sie festkleben.

Die dunkle Schokoladeglasur ebenfalls schmelzen, wenig davon in eine Papierspritztüte füllen (siehe Illustration Seite 22). Gesicht und Augen aufspritzen.

Dünne Schokoladestengel kaufen (in der Schweiz sind es „Branchli" oder „Brügeli"). Diese in 3,5 cm lange Stücke schneiden. Weiterfahren wie oben beschrieben. Einfach und ebenso gut!

Bild Seite 87

Igelchen

etwa 15 Stück

Marzipan

100 g geschälte ganze Mandeln

100 g Staub-/Puderzucker

ca. 3 EL Wasser

ein paar Tropfen Bittermandelaroma

Überzug und Garnitur

1 Beutel dunkle Schokoladeglasur

Schokoladestreusel

Marzipan zubereiten nach Grundrezept (siehe D, Seite 19).

Aus dem Marzipan etwa 2 cm kleine Kugeln und diese dann zu Igeln formen: das heißt, an einer Seite eine kleine Spitze – das Gesicht – ziehen.

Die Schokoladeglasur nach Packungsanweisung schmelzen. Die Igel – einen nach dem andern – am Gesicht halten und in die Schokolade tauchen. Über einem Teller sogleich mit den Schokoladestreuseln bestreuen. Auf Backpapier legen und trocknen lassen.

Tip: Auf die gleiche Art werden Stäbchen zubereitet. Diese jedoch zu Rollen von 13 bis 15 mm Durchmesser formen, dann in Stücke von 5 cm schneiden. An beiden Enden in die Schokoladeglasur tauchen und dann in die Streusel stecken oder mit Streusel bestreuen.

Ein ideales Geschenk für Kinder zum Selbermachen. Dazu gekauftes Marzipan nehmen.

Igelchen
Maroni (Seite 88)
Maikäfer (Seite 85)

Maroni

etwa 20 Maroni

Nougatkugeln

200 g Mandelstäbchen

200 g Staub-/Puderzucker

ca. 60 dunkle Schokolade

1 Beutel dunkle Schokoladeglasur

Marzipan

150 g geschälte Mandeln

150 g Staub-/Puderzucker

ca. 3 EL Wasser

*ein paar Tropfen grüne
Lebensmittelfarbe*

für die Verzierung und
zum Bestäuben

50 g Staub-/Puderzucker

ca. 1 EL Wasser

1 EL Kakao- oder Schokoladepulver

Mandelstäbchen und Staubzucker in eine Pfanne geben und unter stetem Rühren erhitzen, bis der Zucker schmilzt und karamelfarbig wird. Die Masse sogleich auf ein mit Backpapier belegtes Blech geben, ein wenig auseinanderziehen und ganz auskühlen lassen. Dann grob zerbröckeln und im Cutter oder in der Handmühle sehr fein mahlen.

Die Schokolade grob hacken und im warmen (nicht im heißen) Wasserbad schmelzen. Zum gemahlenen Krokant geben. Es soll ein dicker, formbarer Teig entstehen (siehe K, Seite 20). Die Masse nur so lange kühl stellen, daß sie noch gut formbar ist.

Aus der Krokantmasse Kugeln von etwa 2 bis 2,5 cm Durchmesser formen und kalt stellen. Kugeln in die geschmolzene Schokoladeglasur tauchen, auf Backpapier legen und fest werden lassen.

Grünes Marzipan herstellen nach Grundrezept (siehe D, Seite 19). Das Marzipan zwischen Frischhaltefolien etwa 2 mm dünn ausrollen. Rondellen von etwa 4,5 cm Durchmesser ausstechen. Immer zwei Rondellen um eine Kugel legen, so daß oben noch ein Stück der Marone sichtbar bleibt. Das Marzipan andrücken.

Staubzucker und Wasser zu einer dicken Glasur rühren. Aus dem restlichen Marzipan kleine Stacheln formen. Diese mit der Puderzuckerglasur an die Maronen kleben. Eine Papiertüte herstellen (siehe Illustration Seite 22). Staubzuckerglasur einfüllen und die Öffnung der Maroni damit abschließen respektive verzieren. Mit Kakaopulver bestäuben.

Fertige Schokoladekugeln und fertiges grünes Marzipan kaufen. Dann vorgehen wie oben beschrieben. Für die Stacheln gehackte Haselnüsse nehmen und die Maroni darin drehen. Staubzuckerglasur weglassen. Sieht genauso schön aus und ist viel schneller zubereitet!

Nuß-Trio

etwa 30 Stück

300 g ganze Haselnüsse
1 Beutel dunkle Schokoladeglasur

Die Nüsse rösten und auskühlen lassen.

Die Schokoladeglasur nach Packungsanweisung schmelzen. Etwa ein Drittel der Glasur auf einem Backpapier dünn ausstreichen. Jeweils drei Nüsse in einer Linie dicht nebeneinander in die Schokolade setzen. Zwischen den Reihen etwas Abstand geben und antrocknen lassen. Dann die Nüsse mit der restlichen Schokoladeglasur übergießen. Sie müssen vollständig bedeckt sein. Gut trocknen und fest werden lassen.

Die Stangen zuschneiden, um die Nüsse herum gerade abschneiden.

Auch für Kinder gut zuzubereiten.

Abbildung Seite 91

Nußriegel

etwa 30 Stück

125 g ganze Haselnüsse
125 g Staub-/Puderzucker
125 g dunkle Schokolade
150 g Milchschokolade

Zum Überziehen

2 Beutel helle Schokoladeglasur
75 g Mandelstäbchen

Die Haselnüsse bei mittlerer Hitze rösten. Auskühlen lassen. Dann zusammen mit dem Staubzucker portionenweise im Cutter mahlen.

Die Schokolade grob hacken und im warmen Wasserbad schmelzen. Die Schokolade unter Rühren zu den Nüssen geben. Es soll ein dicker, formbarer Teig entstehen (siehe K, Seite 20). Die Masse nur so lange kühl stellen, daß sie noch gut formbar ist.

Dann 12 mm dicke Rollen formen. Diese in etwa 9 cm lange Stücke schneiden und in den Kühlschrank stellen.

Die Schokoladeglasur nach Packungsanweisung schmelzen. Die Mandelstäbchen fein hacken und mit der Glasur vermengen. Die Schokoladerollen auf ein Backpapier legen und mit der Glasur großzügig bepinseln. Fest werden lassen.

Tip: So lange die Masse noch warm ist, kann sie auch in einen Spritzsack mit möglichst großer runder Tülle gegeben werden. Dann etwa 9 cm lange Rollen spritzen.

Eine lustige Arbeit für große Kinder.

unten links: Nußriegel
unten rechts: Nuß-Trio (Seite 89)
oben: Karamel-Nußkugeln (Seite 92)

Karamel-Nußkugeln

etwa 50 Stück

Karamel

250 g/2,5 dl Schlagsahne/Rahm

125 g Zucker

2 EL Wasser

50 g ganze Haselnüsse

Zum Überziehen

2 Beutel helle Schokoladeglasur

100 g Mandelstäbchen

Für den Karamel Schlagsahne und Zucker in eine hohe Pfanne geben. Bei knapper Mittelhitze köcheln lassen. Anfänglich hin und wieder umrühren. Sobald die Masse am Topfboden zu haften beginnt – was ständig kontrolliert werden muß –, unter stetem Rühren so lange köcheln lassen, bis die Masse hellbraun wird und zu karamelisieren beginnt. Das Wasser zufügen, gut umrühren. Den Topf vom Feuer ziehen. Die Masse auf ein Backpapier gießen, abkalten und im Kühlschrank fest werden lassen.

Aus dem Karamel schöne runde Kugeln formen, in jede Kugel eine Haselnuß einschließen. Die Kugeln eventuell kühl stellen.

Die Schokoladeglasur nach Packungsanleitung schmelzen. Die Mandelstäbchen fein hacken. Die Glasur in ein Schüsselchen geben, die gehackten Mandeln zufügen und gut vermengen. Die Karamelkugeln in die Glasur geben und mit zwei Teelöffeln schnell darin wenden. Herausnehmen, auf Backpapier fest werden lassen.

Auch Kinder können diese Kugeln leicht herstellen. Soll es noch einfacher gehen, anstelle von Karamel gekauftes Marzipan verwenden.

Abbildung Seite 91

The Day After

etwa 45 Stück

2 Beutel dunkle Schokoladeglasur

200 g Staub-/Puderzucker

ca. 4 EL Wasser

6 Tropfen Pfefferminzöl
(in Drogerien erhältlich)

Die Schokoladeglasur nach Packungsanleitung schmelzen.

Staubzucker, Wasser und Pfefferminzöl zu einer dicken Glasur mischen. Sie soll so dick sein, daß sie noch knapp gestrichen werden kann.

Etwa $^1/_3$ der geschmolzenen Schokoladeglasur auf einem Backpapier mit einem Spatel etwa 2 mm dünn zu einem Viereck ausstreichen. Fest werden lassen. Mit der Pfefferminzcreme dünn bestreichen. Darüber wieder etwa $^1/_3$ der Glasur regelmäßig ausstreichen und fest werden lassen.

Die Masse mit einem Spatel vorsichtig vom Backpapier lösen, aber darauf liegen lassen. Dann etwa 3 cm große Quadrate sorgfältig ausschneiden. Wieder auf ein Backpapier legen. Diese Quadrate mit der restlichen Schokoladeglasur bepinseln.

Nur für große Kinder geeignet.

Abbildung Seite 95

Zweierlei

etwa 30 Stück

Marzipan

100 g geschälte ganze Mandeln

100 g Staub-/Puderzucker

ein paar Tropfen rote Lebensmittelfarbe

*ein paar Tropfen Bittermandelaroma,
nach Belieben*

Überzug

2 Beutel dunkle Schokoladeglasur

Marzipan herstellen nach Grundrezept (siehe D, Seite 19).

Schokoladeglasur nach Packungsanleitung schmelzen.

Etwas Schokoladeglasur auf Backpapier zu einem Viereck etwa 2 mm dünn ausstreichen. In derselben Größe etwas Marzipan zwischen Frischhaltefolien 2 mm dick ausrollen. Auf die Schokolade legen, solange diese noch ein wenig feucht ist. Darauf erneut etwas Schokolade ausstreichen und wieder mit Marzipan belegen. So weiterfahren, bis Marzipan und fast alle Schokolade aufgebraucht sind. Mit Schokolade abschließen. Zum Bestreichen noch etwas Schokoladeglasur zurückbehalten. Unregelmäßige Schichten sind nur ein Schönheitsfehler. Das Viereck im Kühlschrank durch und durch fest werden lassen.

Streifen von etwa 1,7 cm Breite schneiden. Diese so drehen, daß die verschiedenen Schichten sichtbar werden. Dann in etwa 3 cm lange Stücke schneiden und diese rundherum mit der restlichen Glasur bestreichen.

Für Kinder eine lustige und einfache Arbeit. Die Schichten können auch viel dicker sein, dann wird es für Kinder einfacher. Vielleicht helfen Sie am Schluß beim Durchschneiden. Farbiges Marzipan kann fertig gekauft werden.

*links
Zweierlei
rechts
The Day After (Seite 93)*

Schokolade-Orangen

etwa 45 Stück

1 Beutel dunkle Schokoladeglasur

2 EL Pistazien ohne Schale, ungesalzen

15 kandierte Orangenscheiben

Kinderleicht!

Die Schokoladeglasur nach Packungsanleitung schmelzen.

Die Pistazien grob hacken.

Die Orangenscheiben vierteln. Diese Stücke nur bis zur Schale in die geschmolzene Schokolade tauchen, trocknen lassen und ein zweites Mal eintauchen. Sogleich mit den Pistazien garnieren.

Abbildung Seite 99

Schokolade-Kirschen

etwa 30 Stück

1 Beutel dunkle Schokoladeglasur

1 Glas Cocktailkirschen mit Stiel

Die Schokoladeglasur nach Packungsanleitung schmelzen.

Die Kirschen bis zur Hälfte darin eintauchen. Auf Backpapier setzen und fest werden lassen. Damit die Schokoladehülle etwas dicker wird, die Kirschen ein zweites Mal eintauchen.

Kinderleicht!

Abbildung Seite 99

Schokolade-Aprikosen

etwa 50 Stück

1 Beutel dunkle Schokoladeglasur

200 g getrocknete Aprikosen

100 g geschälte ganze Mandeln

Die Schokoladeglasur nach Packungsanleitung schmelzen.

In die Mitte jeder Aprikose eine Mandel legen, diese festhalten und bis zur Hälfte in die Schokolade tauchen. Auf ein Backpapier legen und trocknen lassen.

Ideal zum Herstellen für die Kleinsten.

Abbildung Seite 99

Schokolade-Ananas

etwa 50 Stück

Marzipan

75 g geschälte ganze Mandeln

75 g Staub-/Puderzucker

ca. 2 EL Wasser

5 kandierte Ananasscheiben

1 Beutel dunkle Schokoladeglasur

Marzipan herstellen (siehe D, Seite 19).

Das Marzipan zwischen Frischhaltefolien ausrollen. Ananasscheiben in etwa gleich große Ecken schneiden. Diese so in Marzipan einpacken, daß die runde Seite frei bleibt.

Die Schokoladeglasur nach Packungsanleitung schmelzen. Die Marzipan-Ananasstücke soweit in die Schokolade tauchen, daß vom Marzipan noch 5 mm frei bleiben.

Einfachere Variante: ohne Marzipan.

Abbildung Seite 99

Marzipan-Datteln

etwa 50 Stück

Marzipan

75 g geschälte ganze Mandeln

75 g Staub-/Puderzucker

ca. 2 EL Rosenwasser

500 g Datteln

50 g Zucker

Überzug

1 Beutel dunkle Schokoladeglasur

4 EL Zucker

Marzipan herstellen (siehe D, Seite 19).

Das Marzipan oval formen – etwas größer als ein Dattelstein.

Die Datteln entsteinen, das Marzipan hineinlegen.

Die Schokoladeglasur nach Packungsanleitung schmelzen.

Zucker in eine kleine Schale geben. Die Datteln bis zur Hälfte in den Zucker, dann die andere Hälfte in die geschmolzene Schokolade tauchen und auf Backpapier fest werden lassen.

Backmarzipan kaufen anstelle von selbstgemachtem Marzipan.

von rechts nach links
1. Reihe: Schokolade-Ananas (Seite 97)
2. Reihe: Schokolade-Orangen (Seite 96)
3. Reihe: Schokolade-Kirschen (Seite 96)
4. Reihe: Schokolade-Aprikosen (Seite 97)
5. Reihe: Marzipan-Datteln

Florentiner

etwa 50 Stück

125 g Mandelstäbchen

150 g kandierte Fruchtwürfel

100 g Zucker

1 EL Butter

150 g Crème double/Doppelrahm

2 EL Maisstärke

Glasur

1 Beutel dunkle Schokoladeglasur

1 Beutel helle Schokoladeglasur

Mandelstäbchen, kandierte Früchte, Zukker, Butter und Crème double in einen Topf geben. Bei schwacher Hitze 3 Minuten köcheln lassen. Maisstärke beifügen, gut mischen. Masse leicht auskühlen lassen.

Ein Backblech mit Backpapier auslegen. Mit einem Teelöffel kleine Häufchen abstechen und mit viel Abstand (sie zerlaufen beim Backen!) auf das Papier setzen.

Blech in den 220 Grad heißen Ofen schieben. Florentiner während etwa 4 Minuten backen, bis sie am Rand braun werden. Blech aus dem Ofen nehmen, mit einem runden Ausstecher die leicht zerflossenen Häufchen sogleich wieder etwas zusammen schieben. Sie müssen schnell arbeiten, da die Florentiner im Nu antrocknen (siehe Illustration). Vollständig auskühlen lassen.

Schokoladeglasur nach Packungsanleitung schmelzen. Florentiner auf der Unterseite damit bepinseln. Nach Belieben mit dem Teigspatel (siehe Illustration) oder einer Gabel ein Muster einritzen, solange die Glasur noch feucht ist. Das Gebäck mit der Schokoladeseite nach oben auf ein Backpapier legen und an einem kühlen Ort fest werden lassen.

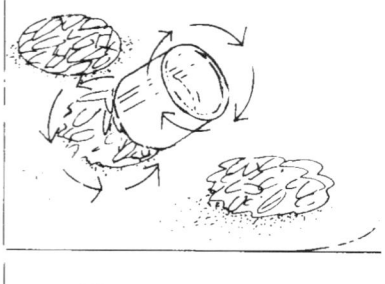

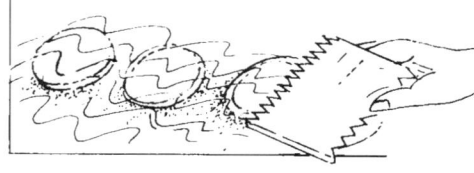

Größere Kinder haben Freude daran!

von unten
1. und 5. Reihe: Florentiner
2. Reihe: Nuß-Knackerchen (Seite 102)
3. Reihe: Früchte-Knackerchen (Seite 102)

Nuß-Knackerchen

etwa 25 Stück

50 g ganze Haselnüsse

30 g Pinienkerne

50 g Walnuß-/Baumnußhälften

20 g Pistazien ohne Schale, ungesalzen

2 Beutel helle Schokoladeglasur

Das ideale Rezept für Kinder!

Haselnüsse grob hacken. Pinienkerne und Haselnüsse rösten. Walnüsse halbieren.

Die Schokoladeglasur nach Packungsanleitung schmelzen. Mit einem großen Spatel 2 bis 3 mm dünn auf ein Backpapier streichen. Sogleich alle oben erwähnten Zutaten in Grüppchen auf der Glasur verteilen. Die Glasur während mindestens einer Stunde fest werden lassen. Mit einem Förmchen von etwa 3 bis 4 cm Durchmesser die Nuß-Knackerchen rund um die angeordneten Zutaten ausstechen. Während einiger Stunden an einem kühlen Ort fest werden lassen.

Abbildung Seite 101

Früchte-Knackerchen

etwa 25 Stück

40 g getrocknete Pflaumen entstielt

4 getrocknete Feigen

40 g getrocknete Aprikosen

200 g weiße Schokolade

Kinderleicht!

Abbildung Seite 101

Alle Früchte in kleine Würfel schneiden.

Die Schokolade grob hacken. Im Wasserbad bei schwacher Hitze schmelzen. Die Masse in ein mit Backpapier ausgelegtes Kuchenblech von etwa 16 cm Durchmesser flach ausgießen. Sogleich alle Zutaten in Grüppchen auf der Glasur verteilen. Diese während mindestens einer Stunde fest werden lassen. Dann mit einem Förmchen von 3 bis 4 cm Durchmesser die Rondellen rund um die angeordneten Zutaten ausstechen. Während ein paar Stunden an einem kühlen Ort fest werden lassen.

von unten
Schokolademandem (Seite 104)
Marzipan-Florentiner (Seite 105)
Nußhäufchen (Seite 104)

Schokolademandeln

etwa 50 Stück

---

50 g ungeschälte ganze Mandeln

1 Beutel helle Schokoladeglasur

5 EL Kakaopulver

Können Kinder mit etwas Geschick gut selber herstellen.

Die Mandeln rösten, auskühlen lassen.

Die Schokoladeglasur nach Packungsanleitung schmelzen. In einen Suppenteller geben. Die Mandeln beifügen und gut mischen. Beginnt die Schokolade fest zu werden, mit zwei Teelöffeln jeweils eine Nuß und etwas Schokolade auf einen Löffel nehmen und mit den beiden Löffeln versuchen, die Nuß mit Schokolade zu umschließen. Diese in den Kakao gleiten lassen, darin drehen und auf Backpapier fest werden lassen.

Abbildung Seite 103

Nußhäufchen

etwa 40 Stück

Haselnußmarzipan

200 g ganze Haselnüsse

200 g Staub-/Puderzucker

ca. 4 EL Kirsch oder Wasser

Garnitur

75 ganze Haselnüsse

1 Beutel dunkle Schokoladeglasur

Aus Haselnüssen, Staubzucker und Kirsch (oder Wasser) eine Masse herstellen nach dem Marzipan-Grundrezept (siehe D, Seite 19). Die Masse zu einer etwa 2,5 cm dicken Rolle formen. 2,5 cm dicke Scheiben schneiden. Diese an der Oberseite etwas runden.

Die Schokoladeglasur nach Packungsanleitung schmelzen. Die Nußbrötchen darin eintauchen. Mit je einer Nuß belegen. Auf Backpapier fest werden lassen.

Abbildung Seite 103

Marzipan-Florentiner

etwa 25 Stück

Marzipan

100 g geschälte ganze Mandeln

100 g Staub-/Puderzucker

1 EL Kakaopulver

ca. 2 EL Kirsch, nach Belieben

Belag

20 g kandierte rote Kirschen

20 g Mandelblättchen

20 g Honig

20 g Butter

20 g Zucker

Zum Bestreichen

1 Beutel dunkle Schokoladeglasur

Marzipan herstellen nach Grundrezept (siehe D, Seite 19).

Das Marzipan zwischen zwei Frischhaltefolien zu einem Viereck von etwa 6 mm Dicke ausrollen.

Für den Belag die Kirschen grob hacken.

Mandelblättchen, Honig, Butter und Zucker in einem Pfännchen aufkochen. Unter vorsichtigem Rühren bei Mittelhitze köcheln lassen, bis die Masse hellbraun wird. Die Pfanne vom Feuer ziehen, die gehackten Kirschen untermischen. Die Masse sofort gleichmäßig auf dem Marzipanviereck verteilen. Ein wenig auskühlen lassen; der Belag soll noch ein klein wenig warm sein.

Das Viereck in etwa 3 cm kleine Quadrate schneiden. Auf ein Backpapier legen. Die Schokoladeglasur nach Packungsanleitung schmelzen. Die Ränder der Florentiner damit bepinseln.

Kinder können gekauftes Marzipan verwenden.

Abbildung Seite 103